STAYHOME開運術！

# あなたの部屋がパワースポットに変わる本

神木 優里

# はじめに

本書を手にとっていただきありがとうございます。

実はあなたは住んでいる**家や部屋と向き合うだけで、あなたの人生に開運が訪れて、どんどんあなたは幸せな世界に導かれていきます。住まいがパワースポットになって住み心地も抜群になり、恋愛も仕事も健康も全て上手くいくようになります。**

その具体的なお話の前にこんな会話をしたことはありませんか？

「家で仕事なんて出来るわけがないでしょ！」

「旦那さんと一緒にステイホームなんて、イライラの連続。離婚しようかな？」

「モノが片付かないでイライラする。家にずっといるだけで気持ちが滅入ってしまう。」

「あ〜もう外に行きたい！家にいるのは嫌っっ！！！」

コロナ禍になってから、こんな声がテレパシーで私のところにまで届くようになりました。

なぜ声が聞こえるかって？ 実は私は代々の魔女家系なのです。ふふ。

だから、あなたの心の声は何でもお見通しなのです。

あなたはきっと「家で開運になれる方法なんてあるわけがない！」そう思いながらも、もし本当にそんな方法があるならば知りたいと思って、この本を手に取ってくれたと思います。

**大丈夫です。この本を読み終わるあとには、きっとあなたに最高の開運が訪れます。**

なぜなら、私はあなたよりもステイホームの先輩で自分の部屋をパワースポットに変える超プロだからです。

私は6年前に突如、家が仕事場となりました。愛犬が手術をしてケアをすることになり、完治まで2年間かかりました。その間、愛犬を見ながら仕事をすることになったので、突然、家で仕事をしなければならない状況になったのです。

でも、私は恥ずかしいことに家で仕事をすることは全く出来ないタイプでした。
なぜなら昔から旅が大好きなので、一ヶ所には留まっていられないタイプだったからです。

そんなわけで、家にずっといて、家を仕事場になんて、嫌で嫌で仕方がありませんでした。

そして、とても不安になりました。この一ヶ所に留まれない私が、家で仕事が出来るのだろうかと。

家でジッと過ごしてストレスが莫大に溜まってしまわないだろうかと。
あの頃、予期せぬ事態に未来が描けなくなり、とても不安になりました。
でも、もうやるしかない状況まで追い込まれたので、私は人生で初めて「家と向き合う」ということを始めてみました。

**ただ「家と向き合う」だけだったのに、家と向き合うことをしていくうちに、どん**

**どん私は家にいながら開運になっていき、恋も仕事も全て上手くいく最高の世界がいつしか切り開かれました。**

実は、「家と向き合う」ということは、「自分と向き合い、自分を好きになる」ということに繋がっていたからです。

家と向き合っていただけなのに、相乗効果で恋も仕事も全てうまくいくなんて、最高ではないですか？

そして、それは豊かさを引き寄せることにも繋がっていったのです。

つまり、**家と向き合うことを始めると、副産物として、恋も仕事も豊かさも全て良い循環となり、引き寄せられてくるのです。**

「そんな上手くいくわけがないだろう？！嘘でしょう？」

というあなたの声がまた聞こえてきましたよ。もう疑り深いあなたですね。

でも、こうしてあなたと私は奇跡のように、この本を通して出逢えたわけです。それは何を意味するかといえば、次はあなたが最高の開運ハウス引き寄せ、副産物として恋も仕事も豊かさも全て引き寄せるということです。

引き寄せに偶然はありません。全て必然です。

あなたが多くにある本の中で、この本を引き寄せたという事実こそ、次はあなたが最高の開運を引き寄せる番なのです。だからこそ、私はこうしてあなたと出逢えたことがとても嬉しいです。

家にいることが大嫌い、ずっと家にはいられない、外に出ないとストレス発散できない、そんな私でも、**今では家が一番の安らぎとなり、家にずっといてもストレスが全くたまらなくなりました。**

驚くべき変化ですよね？でも私が実践してきたことは、あなたも家にいながら出来ることです。

ですので、安心して下さいね。

今外側の世界は、過酷な世界です。前代未聞のコロナウイルス、年々ひどくなる災害、企業の倒産は相次ぎ、うつ病の増加・自殺の増加と精神が病む人も増えて、先が全く見えない未来でもあります。

でもピンチはチャンスです。

神様は乗り越えられない試練は与えません。

だからこそ、このピンチな状況を活かして、「家と向き合う」ということを始めてみませんか？

今まで、きっと家と向き合うなんて時間はなかったと思うので、良い機会だと思うのです。

**家と向き合うだけで、あなたの人生に開運が訪れて、どんどんあなたは幸せな世界に導かれていきます。**

この本があなたにとって、最高の開運の本になることを祈りながら、心を込めて書いていきます。
ワークをたくさん載せているので、ワークは必ずして下さいね！
それだけは守ってくださいよ〜！！！

それでは、いよいよバトンタッチのお時間が来たようです。
次に、最高に幸せな人生を引き寄せるのはあなたです。
この本を読んで、あなたに開運が訪れることを心より、お祈り致します。

令和三年四月　神木優里

## 第3章　人生が輝くパワースポットをつくるレッスン

## 第4章　史上最高の開運ハウスを引き寄せる方法

# 第1章

# なぜ部屋をパワースポットにすると人生が好転するのか?

## 開運ハウスに住めば全てが上手くいく

「短い人生だったけど、ここで終止符か・・・」


私は服の雪崩のような自分の部屋で走馬灯のように人生が流れていました。

洋服を着ようと思い、クローゼットの扉を開けました。すると、雪崩のように洋服がドバドバと落ちてきました。

それはまるで漫画の１ページに登場するようでした。

大量の服が物凄い勢いで落ちてきて、私はその服の下敷きとなりました。

服に埋もれて動けなくなり「助けてくれー」と思いっきり叫びました。

ストーカー殺人には遭遇しそうになるし、服の雪崩に殺されそうになるし、本当に悲劇です。

ところが、私は**パワースポットと呼べる「開運ハウス」に住んでから、全てがうまくいくようになりました**

**「まさか家にいるだけでこんなに幸福が広がるなんて・・・」**

今でこそ開運ハウスを引き寄せたり、パワースポットをつくる達人と言われる私ですが、過去は私の部屋もパワースポットではなく、その逆のブラック・スポットつまりは邪気スポットに住んでいました。

そして、過去の私は「捨てられない女」でした。本当に恥ずかしいぐらい捨てられない女だったのです。

**家をパワースポット化できてからというもの周りの人から常に褒められるようになり、男性にもモテて、後輩にも慕われて、友達同士の人間関係も良くなりました。**

そして憧れていた作家の林真理子さんに会えたり、笑っていいとものの競争率が激しい会場閲覧に１枚の応募はがきしか出していないのに、最前列に当選したり、好きなアーティストのライブでもなぜか最前列が当選したり、パリコレデザイナーの方と東京でお茶をすることになったりと、**次々と信じられないほどの開運が訪れるようになりました。**

全てにこだわり、全てに妥協せずにいると、家にいるだけでもこんなに気持ちが安らぐことを初めて知りました。

以前は家にはあまりいたくない、夜寝るだけの家となっていましたが、今の家はずっといつまでもいたい家となりました。

そして友達でも仕事の来客でもとにかくこの家に入った人は必ず「帰りたくない」と話します。

一番驚いた人は、陶芸を教えたあとにお茶をお出しすると、泣き始めました。

「お願いだからお金を払うので夜まで居させてくれませんか？」と言われた時はビックリしました。

「何故か分からないけど、この家にいると心がとても落ち着くので、帰りたくないんです。この家に来て初めて、自分の家がとても波動が悪く帰りたくない家だと気が付きました。」と話されました。

その後もとにかく「家に帰りたくないです。」という方が増加していき、時間制で決まりを作ったほどになりました。私はこの現象に、「みんなどこまで家に帰りたくないんだろう?!家の環境がどこまで悪いのだろう!?」と考えるキッカケになりました。

あなたはこの本「あなたの部屋がパワースポットに変わる本」を読み終わる頃には自分のお部屋をパワースポット化するためのイメージをバッチリつかめているはずです。

# パワースポットは存在する

さて、パワースポットってすごく良い響きですよね。

やはりパワースポットには人の運勢を奇跡的に上昇させるエネルギーが充満しているのです。

それを科学的に証明しようとした人たちが気づいた一例がゼロ磁場と呼ばれる場所です。「ゼロ磁場」といえば長野県の分杭峠がゼロ磁場の代名詞のように言われ、多くの方が耳にしたことがあるかもしれませんね。

ちなみにゼロ磁場の0と磁力、磁気が0ということとは意味が違っていて磁力の＋と－の力が拮抗した状態を保っている場のことを示しているんです。

N極とS極の磁気がお互いに打ち消し合いつつも磁力の高低の変動が大きく、全体的にはゼロに近くて磁気の低い状態を保っている場所のことです。

確率的に言えば、地球上で稀に存在する場所になります。

特に神聖な神社や効能の高い温泉が存在する場所が、ゼロ磁場であることが多く報告されています。

もちろんゼロ磁場でなくともそこに出向くだけで幸福感がとめどなく現れる場所、身体が楽になる場所、行った後に素晴らしいアイディアが湧いてきたりする場所、言った後でラッキーが続くということもあなたにとってパワースポットになります。


さて、日本でパワースポットといえば数多くの神社仏閣ですよね。私は神社仏閣巡りは、小さい頃からの趣味の一つなんですが、先日は初めての場所に行ってきました。そこは大分県の国東半島です。ここは仏と神の融合の聖地としてとても有名なパワースポットなのです。ライオンズゲートの時に行ってきたんですよね。

「神」と「仏」が融合する神仏習合の発祥の地であり、そして今もなお、その文化が残る大分県の国東半島。

その半島には国宝「富貴寺」を含む多くの寺社や石仏が点在し「仏の里」といわれ

ています。その「仏の里」国東半島の中心にあり、近年は日本有数のパワースポットとして注目される「両子寺（ふたごじ）」。

私は写真家としても活動していて、両子寺でももちろん撮影しました。ブログでは写真を公開していますがその写真の何百倍の威力を感じました。

ゾクゾクと鳥肌がたって、まるでこの場所はこの世界ではないように感じました。

完全なる隠された場所――。

大分県でいえば、湯布院、別府がとても有名で、国東半島は隠された場所なんです。山門に続く石段の両側に立つ２ｍを超える仁王像は、彫りの深い阿吽の姿から力強さを感じる両子寺のシンボルです。仁王像の後ろに広がる光景は、苔むした石段が時代を感じさせ周囲の豊かな緑と調和し自然のエネルギーが充満する、癒しを感じるパワースポットですね。

私は福岡在住で山口県萩にある松陰神社もとても好きなパワースポットのひとつです。私は幕末の英雄が大好きなので、松陰神社は本当にパワースポットです。

ところで、家をパワースポットにすれば人生が好転する理由は、人は人生の中でほとんどの時間を家の中で使うからです。

人生の大半を使っている家での時間こそ、見つめ直すと、だからこそ人生は好転するのです。

私の人生がスルスルとうまくいくようになったのは、まぎれもなく家のおかげです。

「家と向き合う」ということは、自分の内側と向き合う行為と同じだったからです。外側の世界ばかりを見ていた私が、やっと内側の世界を見ることができるようになりました。

住んでいる部屋が素晴らしいパワースポット化する前はあの時の私はとにかく洋

服マニアといつか使うマニアでした。

大学生となり私服で大学に行くことになり、毎日、違う洋服を着てお洒落をしたいと思っていました。

ただ学生だしお金はないので、古着屋さんで安い服を大量に買ってはアレンジして毎日違う服を来て大学に通っていました。

「お洒落だね！可愛いね！それ980円なの？見えない！凄い！」と言われて、私はお洋服を色々な人から褒められることが嬉しくてたまらなくなりました。

今までは制服だったけど、今は毎日私服で、そして毎日、褒められる。

この事に快感を覚えて、自分でも信じられませんが安くて良い古着屋さんがあると聞けば、30キロの距離でさえ自転車を飛ばして、買いに行っていたのです。

今ではとてもそんな事はできないので、恐ろしい執念です。(笑)

そしてそんな毎日を繰り返しているうちに、洋服ダンスに服は入りきらなくなりました。

でも決して捨てることはできません。

「もったいないの精神」がさく裂していました。

もう洋服ダンスに入らなくてパンパンなのに、それでも捨てられません。洋服ダンスからは悲鳴の声が聞こえてきましたが、無視をしていました。

せっかく買い集めた服なのに、もったいない・いつか使う、そう思い、服はもう入りきらないのに、また買い足していっていたのです。

さらに無意味な輪ゴムとか電池とかポケットティッシュとかボールペンとかもワンサカありました。

友達が家に来て、「この輪ゴム何?」と聞かれても、「いつか使うから」と言って、取っておきました。

輪ゴムをいつか使うって今考えたら何に使うのか意味不明ですが、それでもいつか使うと思い、様々なものを捨てることはできずにとっておきました。

モノでゴチャゴチャしており、何だか居心地が悪い家だったので、ほとんど家では過ごさず、すぐに外に出掛けていました。

家にいる時間は寝る時間ぐらいで、家で過ごすことはありませんでした。そしてそんな時に恐怖のストーカー事件が起きたのです。

私はそれからその家に住むことがとても怖くなりましたが、外に出掛けるのも怖くなり、ちょうど大学も夏休みだったので、初めて家でずっと過ごしました。かといって家で何かをするわけではなく、ただ一日中、ボーとして過ごす日々を送っていました。

ずっとパジャマを着て過ごしていたので、洋服ダンスを開くことはありませんでした。

でも久しぶりに人に会う気分となり友達が心配をしてくれてご飯を持ってきてくれることになったので、洋服を着ようと思い、クローゼットの扉を開けました。すると、雪崩のように洋服がドバドバと落ちてきました。

これが冒頭で登場した場面ですね。

私の部屋のパワースポット化のキッカケは愛犬の手術でステイホームになったことでした。

ですので、あなたもこんな状況だからこそ家と向き合えるチャンスだと思います。

不思議なことに住んでいる部屋が良いと、仕事も恋もどんどん上手くいくようになります。

なぜなら、その家のエネルギーが良いので、あなたにいつも良いパワーを送ってくれるようになるからです。

この「家と向き合う」というワークは家だけではなく、人生を輝かせる魔法へとも発展していきます。

騙されたと思って、このワークを始めてみて下さい。きっとあなたの心の内側が磨かれて良い引き寄せが起きるようになりますよ。

## 開運ハウス〜引き寄せレッスンポイント

★理想の家の共通項を書き出し、理想の家ワクワクリストをまとめる

★気に入っているPOINTをノートに書き込んでいくこと。

# 第2章
# まずは邪気スポットを終わらせる

# 家がエネルギーバンパイヤ!?エネルギーの法則

第一章であなたの部屋をパワースポット化させると幸せになることをお話ししました。そのパワースポット化をする第一段階は、まずはお部屋の邪気を追い出すことが大切です。

あなたの今の家が心地よくない場合は、自分のエネルギーよりも家のエネルギーが低くなっていると言えます。

家のエネルギーよりも自分のエネルギーが下回ってしまった場合、あなたのエネルギーは家に奪われます。そう、家から吸血鬼のようにエネルギーを吸われてしまっている形です。

「家がエネルギーを吸う?吸血鬼?まさか?」

そうそう、あなたの心の声通り、そのまさかなのですよね。でも、家だと分かりにくいかもしれませんが、あなたは実際この事をもう経験していると思います。

例えば、文句愚痴ばかり言う友達と会った後って、何だかとても疲れたりしませんか？

嫌な上司からガミガミ言われた日も、ひどく身体が疲れることを経験したことがありませんか？

友達の家に行ったらとても汚くて、帰ったあとにお風呂に長目につかりたくなったりしていませんか？

仕事終わりに満員電車に乗ったらたったの１５分乗っただけでもひどく疲れてはいませんか？

こんな経験は誰でも一度は経験した事があると思います。

**自分のエネルギーよりも低いものに接触すると、人は自分のエネルギーを奪われます。**

全ての材木やモノにこだわっている高級ホテル、旅館。色とりどりのお花が飾られているお花屋さん、シンプルだけどモノが少なく丁寧に暮らしている友達の家、いつもニコニコの笑顔が絶えない明るい人、身体を磨いて、食生活にも気を配っている美しい人。

こんなふうに**自分のエネルギーよりも高い場所・人と会うと、不思議なくらい元気が出たり、気持ちがウキウキとなったり、心が軽くなったりもします。**

この点からあなたの今の状態を客観視してみて下さい。

家とあなたのエネルギーは同じ？それとも違う？

## 開運ハウス～引き寄せレッスンポイント

あなた□家

四角の中に（＝　＞　＜）のマークを入れてみましょう。

もし、＝なのに、家に帰っても、疲れ果てていたり、家にずっといても気持ちが落ち着かない場合は家の中にあるものが問題となっています。全てのモノはエネルギーを発しているので、家だけではなく、家に置いてあるものでもあなたのエネルギーよりも低い場合は、そこからエネルギーを吸い取られていたりします。ですので、家の中もしっかり改善していきましょうね。

## 住む人のエネルギーを奪う病気の姿

実は私には一つ気になることがありました。

私はコンクリートの家と相性が悪かったのです。

何で私はそんなにコンクリートの家だとダメだったのかな？と疑問を持ち始めたからです。

漠然と木の家がいいというよりも、理由を知っていて木の家が絶対に良いと思う方が、想いが強くなるので、引き寄せ力は増すと感じました。

それで木の家とコンクリートの家の違いについて調べてみようと思いました。

昔からよくして頂いている建築士の方に話を聞きにいこうと決めて、さっそく会いにいきました。

「おっ！久しぶりだね！木の家とコンクリートの家の違いが知りたいなんて面白い！」

そう言って、ご親切に一つのＤＶＤを見せてくれました。

それは「エチカの鏡」という番組で「欠陥住宅の家特集」のＤＶＤでした。

悪徳業者にひっかかり、様々な被害が出ている例が紹介されてました。

中には、新築後に次々にペットが死んでいき、家主も慢性的なアレルギーで苦しんでいる住宅もありました。

人間は、寝る時間を含めると、一日でもかなりの時間を家で過ごすことになります。

「怖いですね・・・私は住宅事情なんて一切知りませんでした。」

「家は、エネルギーを与えてくれる家とエネルギーを奪う家があるんだよ。現代の家は化学物質を使っている家が多くて、だからやっぱり病気になりやすいんだよ。想像以上に家というのは、人間の健康に影響を与えていて、なかなか建築業界でももどかしい問題なんだよ。

野菜でも農薬を使っていて、形が良い安い野菜ではないと売れないように、住宅も化学物質を使って費用を少しでも安くした家ではないと今はなかなか売れないからね。**君が良い事が起きなかった家というのもきっとこのＤＶＤのように欠陥住宅の家だったのではないかな？**

君は小さい頃から感性が豊かで敏感だから、きっと家のマイナスエネルギーを吸い取ってしまったからだと思うよ。

エネルギーというのは、高い方から低い方へ流れる仕組みだから、君のエネルギーのほうが家よりも高かったから、家からエネルギーを吸い取られていたんじゃないかな？」この説明を受けて私は心から納得できたのでした。

🏠開運ハウス〜引き寄せレッスンポイント🏠

★病気になる、エネルギーを奪われる家があると自覚をすること
★今まで住んでいた家と自分の運気の状態を振り返って考察してみること
★家に帰りたくない・家が居心地が悪い・家にいても休まらないという場合は直感が「この家はあなたに合っていないというサイン」だと送ってくれていること

## その家はあなたに合っているか疑問を持つこと

私は以前、ワンちゃんＯＫの高層マンションに住んでいました。部屋は最新システムを搭載されていて、設備もよく利便性もよく、とても綺麗なマンションでした。

ベランダに出ると、夜景がキラキラと広がり優雅な気持ちに浸れました。ベランダも広いので、人工芝を敷いて、外用のイスやテーブルを並べて、夜にはベランダでキャンドルを並べて、夜景を見ながら夕食を食べることにはまっていました。

特に不自由もなく、引越しをするまでの大きな問題もない家でした。でもここでずっと一日中、引き籠って仕事をしたいかと言えば、「ＮＯ！」でした。その時から、私は自分の本当の気持ちをノートに書くというのを始めていました。

**「２４時間この家にいたいと思う？・・・ＮＯ」**

**これが私の本音だと思いました。**私はこの時やっと気が付くことができました。これまで私が住んでいた家は、一生住みたいか？と聞かれたら、ＮＯ！２４時間住みたいか？と言われたらＮＯ！、つまりＮＯばかりの家に住んでいたのです。

この事実に気が付いた時、愕然としました。自分の家選びの実態がいかにズサンであったのかに気が付いたからです。私はこれまでどこかに行くことが大好きで、家でジッと過ごした経験があまりなかったので、家はずっと過ごす場所ではない、夜だけ帰ってきて寝るだけのものだという意識だったのです。

つまりそんな感覚で選んだ家は当然ながら24時間いたい家なわけがありません。今までは家がそこまで気に入らなくても、圧倒的に外で過ごす時間の方が多かったので、家の不具合があっても気になることはありませんでした。でも今回はずっと家にいなくてはいけないのです。

仕事場も家になることは大問題でした。こんな24時間いたくない家で心を安定して、仕事なんて出来るわけがない。こうしてやっと私は、24時間安心して過ごせる家を探すことを決意したのです。

たぶん私のように、今までは家で満たされなくても外の環境が良ければ、家は利便性だけでという人は多いと思います。しかし、**今回のようなコロナがあって初めてこの家は居心地が良い家なのか？と疑問を持つ人が増えたと感じます。**

ピンチはチャンスです。こんな時こそ、あなたの最強の開運ハウスを引き寄せるために、まずは今の家に疑問をもつことから始めてみましょう。

### 開運ハウス～引き寄せレッスンポイント

★今の家にずっと２４時間いても居心地が良く過ごせますか？ＹＥＳ Ｏｒ ＮＯ
★今の家はあなたにとって最高傑作の家だといえますか？ＹＥＳ Ｏｒ ＮＯ
★今の家を仕事場にしてもあなたは快適に仕事ができますか？ＹＥＳ Ｏｒ ＮＯ

## 家に居たくない理由をノートに書き出すこと

こうして私は、この家に居たくない理由を書き出してみることを始めました。

〜この家に２４時間いたくない理由〜

・高層マンションは眺めはいいが、どこか気持ちが落ち着かない
・この家にいると、いつもふわふわした感覚となり、自分軸を見失いやすい
・キッチンのコンロが一つしかないから料理がしにくい
・お風呂に窓がついていないので、閉塞感がある
・ベランダに出でもすぐ隣に人が住んでいるので他人の目が気になる
・いつもエレベーターで荷物を運ぶのが面倒くさい
・駐車場が遠いので、車の移動が雨の日は濡れて嫌な気持ちになる
・防音で窓を閉めていたら音はしないが、窓を開けた途端に騒音がする
・窓を開けたら街並み・人しか見えない・自然が見えない
・広めの１ＬＤＫだが、もっと部屋がたくさん欲しい。仕事の専用の部屋が欲しい。
・陶芸のアトリエがレンタルなので作品を作りにいくのがめんどくさい
・庭がないので、わんちゃんの散歩がすぐには出来ない
・ピアノを置くスペースがない

・賃貸なので、自分の好きなようには出来ない
・欲しい家具があっても、エレベーターで運べる大きさではないので持ち込めない
・利便性があるので、家も家の周りも人が多すぎる
・この家にずっといたら息が詰まる

こうやって改めて、書いてみると本当に私は利便性だけにこだわっていて、この家に対して気持ちが満たされていないことがよく分りました。

まさに「まあまあ」な家だったわけです。

最高傑作の家ではなく、自分の気持ちは無視をした「まあまあ」の家。


普段何気に考えていることをこうして、ノートに書き綴ることはとても大事です。

私もノートに書いたことでやっと自分の本当の気持ちに気が付くことができました。

## 開運ハウス～引き寄せレッスンポイント

★今の家に居たくない理由を心のままに書き綴ってみること。
★不快な気持ちを無視しない・素直に正直な気持ちをそのまま制限せずに書く

## 理想と現実は違う！五感で感じ体感すること

内側を先に高めて、自分の理想がなんとなく分かってくると、次に大切なことは、体感です。

つまり、五感で感じることです。理想と現実って必ずしも一致するわけではないですよね？

こんな服が着たいなとワクワク想像しても、実際に試着してみると、あなたに全く合わない場合も多いと思います。私もこの経験はよくあるので、今でもネットショッピングで服を買うことはとても便利ですが、しません。

必ず、試着して、自分にピッタリと来ているのか？しっくりときているのか？を試しています。

**直感思考、感覚思考である女性にとって、「ピッタリくる」という感覚はとても大事**です。

どんなに頭で理想を描いたとしても、実際にあなたがワクワクしなかったり、しっくりこなかったり、ピッタリとこないものは、あなたを開運へと導いてはくれません。

だからこそ、家もネットの情報だけ見て決めることは辞めて下さいね。

必ず、現地に足を運んで、「ピッタリくるのか？」「しっくりくるのか？」「ワクワクはするのか？」という五感で感じる感覚を大事にして下さい。

五感で感じた感覚こそ、感性が優れている女性にとっては一番大切です。

だからこそ、だいたい開運の理想像を把握することができたら、次にすることは体感です。

「でもそんなこと言っても、映画の世界の家には行けないじゃないですか？」

素晴らしい質問です、その通りです。

だからこそ私がお勧めするのは、住宅展示場です。本当は、さつきとめいの家や耳をすませばの家に行くことが出来たらいいのですが、それは難しいので、住宅展示場をお勧めしています。

住宅展示場というのは、建築会社の一番の見せ場となる家だからです。ここで体感してもらい、自分の会社と契約をして欲しいですよね？だからこそ、ライバルには負けない最高傑作の家を展示しています。

住宅展示場で、家を内覧すると、私もよく「あれ？こんな家がいいと思っていたのに、実際は違うな。それよりもこっちのほうがいいな。」など、理想と現実のギャップを埋めることができます。

こうやって、**体感をすることで、初めてあなたにとっての最高の開運ハウスが見えてくる**のです。

女性は頭だけで完結はさせてはダメです。必ず、五感を開いて、体感することを心がけてみて下さい。

住宅展示場は、なかなか行くのは勇気がいるという人は、ニトリなどの家具ショップに行けば、ディスプレイを展示してくれています。そこでもどんなディスプレイに一番心が惹かれるかを五感で感じていけば、あなたの理想が明確となっていきますので、ぜひ試してみて下さい。

### 開運ハウス～引き寄せレッスンポイント

★情報だけで家を決めない。必ず現地に足を運び体感すること。
★住宅展示場や家具ショップに行ったあとは実際にどう感じたのかメモをしておくこと。
★理想と現実は違うので、そのギャップを体感することで埋めていくこと。

## 思い込みという呪いの力の怖さ

イメージを開花させながら、同時に行うことが「思い込み」を捨てるということです。これからあなたが開運ハウスを引き寄せるためには、思い込みの存在がとても邪魔になっていきます。

最高の引き寄せを起こすために必要なことって、フラットな感覚です。つまり赤ちゃんの時のように**善悪がない感覚を身に着けること、もしそれが出来るようになればあなたは自由自在に何でも引き寄せられるようになります。**

フラットな感覚になるために一番邪魔なことは、思い込みの力です。思い込みの力は呪いの力でもあるんです。私が今まで開運ハウスを引き寄せられなかったのは、全て思い込みという呪いの力が作用しています。

家を探す時、私は条件を挙げていました。

・家賃5万円以内・大学に近い・光がある・マンションアパート・バストイレ別

こうやって条件を出して、それに見合う物件を不動産会社から紹介してもらっていました。

「えっ？そんなのそれが当たり前じゃない？」

うんうん、やはりあなたもそう思っていますよね。思い込みは常識からやってきているることが多いです。

深く考えることはせず、みんながそうやって家を探すからそういうものだと。

私も家の探し方なんて誰にも聞かずに、それがごく当たり前のように、不動産屋さんに行き条件を不動産屋さんに話して、選んでもらっていたのです。でもそれって結局、「条件を超える物件」とは出会えないということです。いつもその条件と同じ物件か、その条件以下の物件か、これが思い込みの怖さです。

**最高傑作ではなく、まあまあかそれ以下しか引き寄せることができないので、当然あなたにとって最高の開運ハウスを引き寄せることが出来ない**のです。

それは、婚活の男性を選ぶ時と全く同じです。年収４００万、次男、安定した仕事、車持ち、家族と同居していない、そうやって条件で相手を選んでも、あなたにとっての最高傑作の男性を引き寄せられなくなるのと同じです。家も男性と同じです。最高の家を引き寄せるためには、まずはその条件を一旦全て捨てることが大切です。

条件選びは、思い込みの力が大きく作用しているからです。家と向き合うことで、副産物として、理想の恋も仕事も引き寄せられると書きましたが、まさにこの家に対する思い込みに気が付けるようになると、あなたは男性選びにも思い込みの力が働いていることに気が付くことができるようになるからです。

最高傑作の家も最高のパートナーも、思い込みという呪いに気が付き、それを捨てることで、ヒョイとあなたは引き寄せられるようになります。

**家と向き合うことを始めると、あなたは色々な能力を開花して、感性も磨かれていき、自分の好きに敏感になっていくことで、理想の異性も引き寄せることができるようになっていきます。**

ついでの副産物として、お金のブロックも薄まり、豊かさも引き寄せられるようになっていきます。
ねっ？凄いでしょう？家と向き合うだけで、ここまでの副産物を得ることが出来るようになるなんて！

だからこそ、まずは家に対する思い込みを一つ一つ捨てていきましょう。

### 開運ハウス〜引き寄せレッスンポイント

★自分の家に対する思い込みに気が付くようにすること
★一度、条件を全て捨て去り、フラットな状態にすること

## お金で物事を決めると危険な目に遭う

邪気予防は大切です。それを実践するようになってから、仕事でのアップダウン

がなくなったので、私は楽しみながら仕事ができるようになりました。でもそんな私に危険体験が訪れました。邪気予防は奥が深く、まだまだ注意することがあったのです。

それは仕事で東京に行った時のことでした。私は福岡県在住ですが、起業を始めた時から東京で学びたいと思い、福岡県から月1回東京に通っていました。でも、月に1度通うことは金銭面での不安もありました。勉強に投資している分、ホテル代金は安くしよう（どうせ寝るだけだし）と思い、安いビジネスホテルに宿泊をしていました。

1日中勉強をしてヘトヘトとなり、ホテルに帰った時のことです。お風呂に入ってすぐに寝ようと思い、ベッドに入りすぐに寝落ちしました。でもある時、急に夜中に金縛りにあったのです。ずっと身体をギューと押さえつけられていて、動けなくてとても苦しい思いをしました。そしてそれは朝まで続き、明るくなるとやっと解放されたのです。

ゲッソリとした朝を迎えて、あんなに場所にはこだわることと教えてもらっていたのに、**とんだ失敗をしたなと思いました。この時の私は、「金額の安さ」だけで決めていた**のです。どうせ寝るだけだし、安いところでいいやという発想がこんな事を引き起こしてしまったと思いました。

このビジネスホテルは、チェックインした時から悪寒がしていたし、フロントマンの男の人の人相もとても悪かったのです。部屋の雰囲気も匂いも悪かったし、とにかく三重苦や五重苦のようなホテルでしたが、「安いからいいや」と金額のみで我慢をしました。やっぱり自分の気持ちを無視して、「お金」に左右をされるとロクなことはないと痛感しました。

この体験を得て、私はもうたとえ寝るだけのホテルだとしても、金額に左右をされて決めることは辞めようと決意をしました。そもそも東京にはホテルがたくさんあるのに、探すこともめんどくさいからと適当に決めたこともダメなことでした。

そこまで金額をかけなくても良いホテルはたくさんあるのに、最初から「面倒くさい・どうせ寝るだけだ・適当でいい」というマイナス思考がこのような出来事を引き起こしたのだと反省しました。

結局、たとえホテル代金が安くすんだとしても、深い睡眠が出来ず、こんなバッドコンディションだと次の日に響いて、勉強にも身が入りません。それこそが一番もったいない事だと痛感しました。

**「お金で物事を決めるとロクでもない。余計に損をする。」**

これを教訓にすることにしました。そして、来月からのホテルは必ず事前に部屋の様子や口コミなどを入念に調べてから予約を取りました。

すると、寝るだけのホテルだったとしても、1日の勉強が終わったあとにホテルに帰るのが楽しみになり、心地よい夜を過ごすことができるようになりました。心地よい夜を過ごすことが出来るようになると、次の日も朝から元気で勉強も集中して取り組むことができました。

これは家にも同じことが言えます。やっぱり「金銭面」だけで選ぶと良い事は起きないのです。

「お金に左右されない」これが邪気を寄せ付けないためにも大事だと思いました。

それは、人材育成会社の経営者が教えてくれたことと同じことだなと実感しました。

「お金のために何でも引き受けない・引き受けるのは前向きな方からのみ」

お金で物事を左右すると、このような嫌な引き寄せは連鎖されるのだろうと実感しました。

お金については、様々な方が言葉を残してくれています。

『お金を獲りに行くと、お金は逃げる。信頼を獲得すると、お金が集まる。

お金は信頼、信用が大好物。優先順位間違わないように。』

長友佑都（プロサッカー選手）

『効率や損得にとらわれると、人間が小さくなる。』

斎藤茂太（精神科医、随筆家）

『金が貴いのは、それを正しく得ることが難しいからである。さらに正しく得たものを正しく使うことが難しいからである。』

アンドリュー・カーネギー（米国の実業家、鉄鋼王）

『墓場で一番の金持ちになることは私には重要ではない。夜眠るとき、我々は素晴らしいことをしたと言えること、それが重要だ。』

スティーブ・ジョブズ（米国の実業家、アップル創業者）

『二十代の頃より十倍金持ちになったという六十代の人間を見つけることは簡単だ。だが、そのうちのだれもが十倍幸せになったとは言わないはずだ。』

バーナード・ショー（アイルランドの劇作家、ノーベル文学賞受賞）

私はこの時に、「お金には左右されない・どんな小さな物事でも適当に決めない」と決意をしました。お金に心を持っていかれると、そこにきっと「邪気」が入りやすいことも感じました。そしてこの失敗体験を教訓にしたおかげで、もう二度と宿泊先で金縛りにあったり、嫌な思いにあうことはなくなりました。

### 開運ハウス～引き寄せレッスンポイント

★どんな小さな物事も「金額」に左右されて決めないこと。
★お金に物事を左右されるようになると、その隙間に邪気が入り込むので注意すること。

## 重たい気持ちは呪いとなり必ず最凶な現実が引き寄せる

重たい気持ちでいるとどんなものが現実に引き寄せられてくるのかご紹介します。

**重たい気持ちは重たい波動、エネルギーとなってそれが引き寄せられてしまうのです。**

実際に私が体験した重たい引き寄せがあります。私は、今起業をして6年目で起業・恋愛コンサルティング・陶芸作家・写真家・ライター・ブランディングPRなど様々な仕事をしています。起業する前は、教師をしていました。じゃあなぜ仕事を辞めたのか？というと、同じ教師の親友が自殺をしたからです。

教師の仕事は報道でたくさん特集されるので、ご存知の方も多いと思いますが、なかなかブラックな現場でもあります。毎日仕事に追われて、心を見失い、うつ病になる方もとても多いです。

ドンドン、仲間がうつ病になり仕事を辞めていくのを見ていき、私の心の中には大きな空洞のようなものができるようになりました。「夢と現実」を嫌というほど思い知りました。それでも、子どもが可愛いので、仕事を楽しみながらすることは出来ていましたが、ある日突然悲しい連絡がきました。

「親友が自殺した・・・・」

私はこの日の記憶が全くないし、親友のお葬式の記憶も泣きすぎて記憶がないのです。

そのくらい辛すぎる経験でした。親友はパワーハラスメントで悩んでいたので、私は親友を追い詰めた人をひどく憎しみました。ひどくひどく、深く深く、その追い詰めた人のことをいつまでも憎しみ続けました。その憎しみはいつまでも消えることがなく、私の心は崩壊しそうになってきました。

「このままだと病気になってしまう。もう充分働いた。一度この場所を離れよう。」

そう決意をして、教師を退職しました。

そして、誰も知らない遠く、遠くに引越し、私の新しい人生がまた始まろうとしていました。でもその新しい家の前に親友を追い詰めた人とそっくりな顔をした人が住んでいて、その人はいつも何かに苛立っていました。

「なぜ？新しい人生を始めようとしたのに、また現れるのか？」

私はやっと平穏を手に入れようとしていたのに、その人の顔を見ると、気持ちがどこまでも落っこちていき、憎しみの心が消えないようになりました。そして、その後も何度か家を変えても、また似たような顔をして何かに苛立っている人が現れたのです。

人を憎しむ気持ちはとても重たい気持ちであるので、当然それは同じような重たくて最凶なものを引き寄せ続けました。これが私が引き寄せはワクワク・カルカルなものが良いと思ったきっかけです。

ですので、もしあなたが最強の開運ハウスを引き寄せたい場合は必ず過去の重たいものを捨てて下さいね。

## 開運ハウス〜引き寄せレッスンポイント

★重たい気持ちでいると必ず最凶なものが引き寄せられてくる。
★家を選ぶ時は、過去の重たい思い出や気持ちを浄化してから始めること。
★元カレと住んでいた街など過去の重たい執着は捨て去ること。

## 敢えて嫌なマイナスの体験をすること

あなたの開運ハウスの引き寄せまでどんどん近づいてきました。

最終段階に入ってきましたが、次にして欲しいことは、ダメ押しの体験です。引き寄せは想いが強い方が叶いやすいです。でもその想いを強くするためには、あなたに嫌なマイナスを体験して欲しいなと思います。

「何で理想の家を引き寄せるのに、嫌な体験をしないといけないんだよ！」

う～、あなたの怒りの声が聞こえてきました。少し待って下さい。今説明しますから。

実は、人はマイナスなことを経験すると、想いが逆に強くなりやすいのです。この世界には大金持ちがたくさんいますが、大金持ちになった人は、元が貧乏だった人もとても多いのです。子どもの頃に、お金であんなに苦労したから、もう絶対苦労したくない！だからこそお金持ちに絶対なりたい！

このような**強いマイナス体験は大きなエネルギーとなり、それは夢を叶える原動力ともなります。でも、逆に、可も不可もなく「まあまあな人生」を歩んできた人には、そこを抜け出すほどの強い思いを持つことが難しい**のです。

私も起業をして4ヶ月ですぐに軌道に乗ることができるようになりましたが、それは親友が自殺をしたので、親友の思いも叶えたいという力が強かったと思います。1年目で知り合った同じ起業仲間の人はほとんどの人が辞めていきました。でもそれも結局「こうなりたい！」という思いの強さの違いだけだったと思います。

家に関しても同じことが言えます。私は今まで心と向き合わずに利便性や条件のみで家を探してきたので、良い事は一つも起きず、逆に嫌なことばかりが起きました。自分の心を無視すると、嫌な引き寄せはよく起きます。私の場合は、本当は望んでいない家に住んでいたので、心が家にいると落ち着かないという状況だったので、現実に嫌なことが起きて、その家から出ていきたくなるという引き寄せが起きていたのだと思います。

「こんな家出て行きたい！」という体験を何度もしているので、「今度こそ家にいる時間が長くなるなら良い家を引き寄せたい！」という思いが強くなっていたと思います。このメソッドにしてもそうですよね。「本当に良い家」を引き寄せたいと願っているから、こうやって色々と考えて、実践をしてきたのだと思います。だからこそやっぱり引き寄せの基本は「想いが強いこと」これがとても大切です。

そして、**その想いを強くするためには「嫌な体験」をスパイスとして提供してあげること**。嫌な体験なんてしたくはないと思いますが、あなたの想いを強固なものにしてやる為です。これをするとグンと引き寄せが加速していくので、最後の調整と思ってトライしてみて下さい。

さて、ではどんな体験をするかといえば、怖い体験ではありません。両極端を体験して欲しいということです。

例えば・・・

理想の家に住んでいる友達の家に行く＋全然理想ではない家が汚い友達の家に行く

理想のインテリアを取り扱っている素敵なカフェに行く＋全く好みのインテリアではないカフェに行く

波動が高い高級ホテルに泊まりに行く＋泊まりたくもないビジネスホテルに泊まりに行く

こうやって**両極端を体験すると、あなたは気が付くことが多い**と思います。理想の家と正反対の家では居心地の良さが全く違うということを体感できるからです。

そしてあなたは理想の場所に行くと、元気がとても出るのに、理想ではない所に行くと、身体が重かったり、疲れやすかったり、何だかネガティブな気分になったりと、心も体も疲労困憊になっていることが多いと思います。

人からもモノからも家からもこの地球にあるものは、全てエネルギーを発している。だからやっぱり、自分にピッタリと合うエネルギーの場所と、エネルギーを吸収される場所があるということなのです。

このエネルギーを家から奪われることを体感すると、あなたの「絶対最高の開運ハウスを引き寄せたい」の想いは強くなると思います。最高の開運ハウスさえ引き寄せられれば、鬼に金棒です。だって、あなたはその家にいるだけで、どんどん元気になり、パワーを与えられて幸せに導かれていくからです。

## 開運ハウス～引き寄せレッスンポイント

★想いを強くするために、敢えてマイナスな体験をしてみること

★理想の場所と真逆の理想ではない場所に行ってみて、自分の心と身体がどう感じるのか体感すること

## 執着のような重たい念を手放すこと

いよいよ引き寄せ開始です。今までたくさんの準備、お疲れ様でした。でももう今のあなたはきっと以前よりも自分のことがよく分っていると思います。

あなたはここまで理想を明確にイメージしてきたので、「絶対に引き寄せてやる！」という強い気持ちもあると思います。

でもここでお伝えしたいのは、**「絶対に引き寄せてやる！」という強い気持ちを手放していきましょう。**

「は？？強く想ったほうが引き寄せは叶うと言いましたよね？」

確かに、あなたの声通りです。引き寄せは強い気持ちはとても大切です。でも、それを執着のような強さとは同じにしないで下さいということです。

もうあなたはここまでワークや行動、実践を繰り返してきているので、それは神様にきちんと届いています。神様はそんなあなたの様子をずっと見守ってきているのです。あなたの中に強い気持ちがあるので、こうやって行動実践してきたということ。だから、もうこれ以上に執着のような「絶対〇〇してやる！」という気持ちを持つ必要がないのです。

ここまで準備してきたあなたの強い思いは本物です。だから**最後の行動は、軽く軽く楽しみながらワクワクして行動をしていけば、理想の家が引き寄せられるようになります。**

重すぎる想いは、軽い気持ちでなく、そこに良からぬ重たい思いが含まれています。

例えば、あなたが婚活をしていて「結婚したい」と思って、ダイエットしたり、料理を習ったり、様々なことに取り組んでいくと、あなたは「ここまでしたのだから、ここまで結婚のためにお金も時間もかけたのだから、絶対に結婚してやる！」という強い思いに切り替わることがあるのです。

最初はワクワクと軽く、「素敵な人と出逢えて幸せな結婚ができたらいいな〜」という軽い思いでも、だんだんと時間が経過して、そこに費やすお金も時間も多くなると、「ここまでしたんだから、絶対に！」という、本末転倒な思いに知らないうちに切り替わってしまうと、重たい念にいつしか辿り着いてしまっています。

**幸せな結婚相手を見つけたいという思いよりも、ここまで費やしてきた時間とお金を取り戻したいという気持ちが潜在意識に芽生えてしまうと、当然良い引き寄せは起こせなくなります。**

これは私も部活の時に同じ経験があります。剣道を学生時代にしていたのですが、練習はとてもハードでした。だから試合になると、「あれだけ練習したんだから絶対に勝ってやる！」という執念のような思いが生まれてきました。でもそんな時って、身体がガチガチに強張っていて、本来の力が引き出されずに負けることが多かったです。でも実力が格上の選手にも勝てる試合の時は、良い意味で力が抜けていた状態でした。「相手は私よりも強いから、楽しみながら戦おう」と思って挑んだ時は、肩の力が抜けて不思議なくらい強い相手に勝つことができました。

これはあなたも経験したことがあると思います。**「肩の力を入れるとうまくいかない時が多い・でも肩の力を抜くとうまくいくことが多い」引き寄せもこれが良い引き寄せを生むコツです。**

あなたが理想の家を引き寄せたいと思い、行動をしてきたことは神様はしっかり見ています。だから最後の引き寄せの段階ではそれを手放して、ワクワクしながら家との出逢いを楽しんでいきましょう。

## 開運ハウス～引き寄せレッスンポイント

★強い思いはいつしか強い念に切り替わり、目的が変わってくるので注意すること。
★準備をしっかりしてきたことは神様が見ています。なので最後の行動は、手放して軽く軽くワクワクしながら家との出会いを楽しんでいくこと。

## 開運ハウスとの結婚がスタート

ついに理想の開運ハウスを引き寄せて、めでたし♪めでたし♪となりそうですが、開運ハウスを見つけたというのはあくまでもスタートであり、ゴールではありません。

「えっ！そんな〜！開運ハウスがあれば、開運になれるんでしょう？」

やれやれまた声が届いてきましたよ。困ったさんですね！それは理想の結婚相手を見つけたからもう幸せになれるのでしょう？と言っているのと同じことです。

結婚はスタートと言われるように、開運ハウスも見つけてからがスタートなんです。

まだ、開運ハウスは、開運ハウスになりきれていないのです。あなたが家と一緒に育ち、あなたが運気を上げていくことで、開運ハウスもどんどんその威力を発揮していきます。

家が育つなんて変な言い方ですよね。

でもね、家というのは「生きている」と私は考えています。というのも開運ハウスに住んでから、家の声がよく聞こえるようになったんです。

「変な気が入り込んできたよ～！」

「今日は、家の窓を開けてくれ～！」

「玄関の方に今、行ったらダメだよ！」

不思議なほど、家からの声が聞こえてくるようになったんです。今まではそんな事は人生で一度もありませんでした。でもそれは、きっと私と家が一緒に育っていったからだと思います。初めて家と向き合ったから、家も心を開いてくれて、一緒に育っていった、いわば戦友のような感覚があるんです。これは、不思議なことではなく、どんな方でも「家と向き合う」ということを始めた時に、きっとこの不思議な体験があなたにも訪れるのはないかと思います。まるでジブリの世界のような感覚、家と共に育つというのは、あなたの人生を豊かに変えてくれると思います。

**「家と向き合う」ということができるようになってくると、あなたは「人と向き合う」ということもスムーズにできるようになってくる**からです。まさに結婚と同じです。理想の相手と出逢って結婚したから、その人が幸せにしてくれるわけではないということは、今では分かっている人が多いと思います。

でもそこが分かっていない人は、相手に寄りかかりその人に幸せを託そうとします。

「私を幸せにして！私をもっと見て！私をもっと愛して！」

その思考がある人は、たとえ開運ハウスと出逢えたとしても運気は上がらないのです。逆に運気を下げていきます。それは奪うエネルギーをもつ人だからです。理想の結婚相手を見つけても、開運ハウスを見つけても、決して幸せにはなれません。

だからこそ家も私も一緒に幸せになるという感覚がとても大切です。そしてその感覚を身に着けることができるようになった時、あなたはもう人に依存をして幸せにしてもらおうという思考ではないと思います。「一緒に育ちあい、一緒に幸せになる」その思考こそが、開運の思考なんです。そしてそんなあなたが家にいると、家はあなたからエネルギーを与えられて、家からもあなたはエネルギーを与えられるようになります。**開運ハウスは出逢ってからがスタートです。それは結婚と全く同じ感覚です。**

あなたは今、家と結婚をした状態です。これから一緒に、あなたも開運ハウスも幸せのステージにいけるように一緒に育てていきましょう。

**開運ハウス〜引き寄せレッスンポイント**

★開運ハウスを見つけてからがスタート。結婚生活のスタートと同じ感覚がベスト。
★相手に依存しない、寄りかからない、相手が幸せにしてくれるという思考は捨てて、一緒に幸せになるという感覚をもつこと。

## すぐに引っ越しできないという方へ

ここまで理想の家を引き寄せる方法と体験談を書いてきましたが、そもそも今は家を引っ越す時期ではない方もいると思います。

でも上記のメソッドは家ではなくても使えます。私は理想の家も理想の恋も仕事も全てを引き寄せてきましたが、手順は家の引き寄せと同じです。

ですので、理想の家を引き寄せるを変えて、理想の恋を引き寄せるにも使えるので、このメソッドを活用して欲しいなと思います。

それと、引越しが今出来ないとしても、今住んでいる家をパワースポット化するためには、自分と向き合い、自分の大好きを知っておかないと、家に幸運を引き寄せるパワースポットが作れないからです。

ですので、引越しができなかったとしても一切無駄なことはありませんので、ぜひ自分と向き合うことをしてみて下さいね。

そしてもし引越しのタイミングがきたら、あなたはもう既に準備万端ですので、いつでも引き寄せを開始することが出来ます。

## 開運ハウス〜引き寄せレッスンポイント

★すぐに引越しすることが出来なくても自分を知るワークはこなしておいて損はなし

★自分を知ることは思わぬ副産物の引き寄せをたくさん起こす。理想の家を引き寄せるを理想の恋を引き寄せるでも代用は可能。

★家を開運パワースポットにするには自分の大好きを知っておくことは鉄則条件

# 第3章
# 人生が輝くパワースポットをつくるレッスン

## 1・家の一角を神社のようなパワースポットにすること

私は家の一角にパワースポットを作ることをみなさんに推奨しています。

居心地の良い家の中でも、その中でも一番居心地が良い空間をつくることで、嫌なことがあった日もそこにいけばすぐに元気を取り戻せる場所があったらいいなと思ったからです。

それは神社のイメージでした。神社巡りや神社参拝が好きな私は、神社にいくと心が落ち着いていてとても癒されていたからです。嫌な事があった日も、神社を参拝すれば心が落ち着き、鳥居を出る頃には元気になれました。家の中に神社のような一角を作るだけで運気が上がりそうだとある日、急に思いついたことがきっかけでした。

家の中をぐるぐると周り、私は二階の廊下の空きスペースに目をつけました。なぜか分かりませんが、二階の部屋と部屋を繋ぐ廊下の角に、机一台が空いていそうなスペースがあったのです。「もしかしてあの机入るかもしれない！」そう思い、以前から持っていたお気に入りのガラスの机を運びました。二階まで運ぶのは一苦労でしたが、何とか運び終わり、ホッとしました。

そうして角のスペースに机を置くと、不思議なぐらいピタッとそこに入ったのです。廊下は大家さんがヨーロッパから特注で頼んだ１枚１００万円以上する大きなガラスが４枚あり、光がたくさん家に入る設計となっていました。ガラスの机はその窓ガラスの光をたくさん浴びて、より一層光り輝いてみえました。

お気に入りのキャンドルを設置して、ここを家のパワースポットにすることに決めました。そして、そのスペースは本当にパワースポットになってくれました。夜の時間にそこで、ご飯を食べたり、キャンドルの灯りに照らされながらご飯を食べると、まるでホテルのラウンジにいるようなとても幸せな気持ちになれました。

キャンドルは全て海外から取り寄せたり、日本全国のお気に入りの作家さんから買い揃えたりしました。パワースポットだからこそ、特別にお気に入りのものしか置かないようにしました。紅茶のポットなども吟味して、購入しました。

**モノを選ぶ時は最初に決めた3条件だけのものにしました。**

**1　愛着があるもの**

**2　手塩にかけてケアができるもの**

**3　そのモノを見たとき、ワクワクできるかニコニコできるか**

ルールを決めておくことはとても大事です。なぜなら私はこのルールのおかげで、長年のプチインテリア購入癖を手放すことができたからです。家のパワースポットで紅茶を飲みながら、クラッシックを流すと、幸福に包まれました。ずっとこんな暮らしがしたかった、でも賃貸だから無理だと思っていた、でも実際は自分が無理だと思っていたから、無理な現実となっていたわけです。

家のパワースポットで仕事をすると、ますます仕事は捗るようになりました。今までは家で仕事をするのは無理だと思っていました。でもこうやって、本当にお気に入りの家ならば仕事も集中して出来るようになったのです。

家の一角にあなただけのパワースポットを作ってみて下さい。その一角がやがて神社のようなパワースポットとなり、運気をますます上げてくれるようになります。

### 開運ハウス〜引き寄せレッスンポイント

★家の一角をパワースポットにする。その場所には必ず特別お気に入りのものしか置かないようにすること。
★家のパワースポットの一角は直感で家を歩き回り、あなたの心が一番安らぐ場所・落ち着く場所にすること。

## 2・家に置くものは選抜メンバーしか置かない

「選抜メンバー」を選ぶことに決めましょう。

というのも、私はこれまで雑貨でゴチャゴチャとしていた事に気が付いたからです。インテリアが好きなこともあり、家の中には1000円以下のプチインテリアがゴチャゴチャとありました。

ただ、プチインテリアは値段が安くて「なんとなくいいか」と思って買ったものばかりなので、特別なお気に入りのものではありませんでした。だから最初は飾って、かわいいと思っていたものも特別なお気に入りではないので、どんどん埃をかぶっていくようになっていました。ただプチインテリアは小さなものばかりでそれ程邪魔にはならないので、またどんどんと新しいプチインテリアが揃っていきました。

その自分の悪い習慣に気が付いた時に、「新しい家にはプチインテリアは置かない。そして買わない。選抜メンバー以外連れて行かない！」と強く決めました。さっそく断捨離です。プチインテリアは断捨離の儀式をしてさっそく捨てました。

そうした感じで、家具も服も布団もパジャマ・下着も選抜メンバーを選んで断捨離を行いました。特別お気に入りのメンバーでない限り、モノからのエネルギーがゴチャゴチャと出て、結局その負のエネルギーで自分が疲れ果てていくのは分かっていたので、もうその悪い習慣は最初からシャットアウトしました。

選抜メンバーを決める時は必ず、「愛着があるもの」「手塩にかけてケアができるもの」「そのモノを見たとき、ワクワクできるかニコニコできるか」それがポイントです。プチインテリアの場合、さほど愛着もなく、手塩をかけてケアもできず、それを見たときにニコニコ、ワクワクは出来ませんでした。でも反対にお気に入りのワンピースの場合は、愛着があり、丁寧に可愛いハンガーにかけて、クリーニング屋でクリーニングをして、そのワンピースを見るたびに、ワクワクニコニコしていました。

だから、「お気に入り」「お気に入りではないもの」ってかなりの違いがあります。子どもも愛情をもってかけられた子どもと、そうではない子どもでは内側からの光が全く違います。**モノは命がないから、関係がないと思いがちですが、モノにもエネルギーが出ている**のです。

だからこそお気に入りではないモノ・部屋の片隅にポイっと埃をかぶせられておいたモノからは「寂しい・悲しい・辛い」という負のエネルギーが溢れています。小さなモノだとしても、それが何個も家に集結すると、やがて大きなエネルギーになり、家自体も開運とは真逆の家に変わっていきます。そしてその家に住んでいるあなたも当然、どんどん不幸体質へと変わっていくのです。

「最初から本当にお気に入りのものしか買わない」それを本当は最初からしていたら、断捨離をする必要がないのでとっても楽なのですよね。家が汚れる・汚い・

モノが溢れているという方は、いってみればモノを買い過ぎなのです。

そしてそれはモノがないと寂しいという思いから、モノをどんどん買い揃えていっているということがあると思います。その場合は自分の内側の寂しさをモノで埋めるのではなく、内観して向き合う必要があります。家はその人の心が反映しているので、モノを捨てられない・モノをどんどん買ってしまうというのは、片付けが苦手なのではなく、心の問題があるのですよね。

そこを解決しておかないと、結局選抜メンバーを連れていってもまた同じようにモノで溢れてしまう家になります。だからこそ、引越しをする前は必ず心を整えていくこともおススメします。先に対処しておくと、本当に後が楽なんです。私も数々の失敗を得て、やっとそこに辿り着きました。

最初の対処がその後のあなたが快適に家で生活をするか命運を分けます。最初から、「持ち込まない！」というのを心がけてみて下さいね。

### 開運ハウス～引き寄せレッスンポイント

★家に置くものは、選抜メンバーしか置かないこと。最初に家に持ち込まないこと。
★モノを捨てられない・片付けられない・新しいものを次々と購入していくことは心の問題。新しい家に引越しをする前に心の問題を解決しておくこと。

## 3・植物がない家に神様は住むことができない

家は多くの化学物質などが使われてます。だからこそ大事なのは家の中に生きた植物を飾ることです。

生きた植物が家にあるだけで、ホッと心が安らげる環境になります。友達を家に招待をした時に、一番驚かれることは「こんなに家に植物がある家は、見たことがない！」と言われることです。

**家に帰りたくない人に話を聞いていくと、共通していたことは「植物」が家にない人ばかり**でした。

植物を家に置かない理由としては、

・すぐに枯れるから処理が面倒
・お花は枯れるからお金を使うのが勿体ない
・植物を手入れするのが面倒

という面倒・勿体ないという理由が大半でした。確かに植物を家に置くのはお金も手間も時間もかかるかもしれませんが、その分人生に彩りを与えてくれるということなのです。そして、植物はその家のエネルギーの状態も教えてくれます。

私はこの家に引っ越してきた時に、近所のお花屋さんでまず大きい観葉植物を買いました。リビングに置いて、スクスクと育っていきました。でも一度だけ全ての葉っぱが枯れてしまったことがありました。

家のワンちゃんが足の手術を受けてリハビリ中に子宮の病気が見つかってしまった時です。

手術をして入院をすることになり、その時から私は毎日不安に襲われて、ご飯も食べなくなりました。いつも続けていた開運習慣なども辞めて、家にいると気分が滅入るので外で過ごすことが多くなった時です。ふと気が付いたらあんなに葉っぱが豊かに茂っていた観葉植物が全て一夜にして落ちていたのです。この現象にはビックリしました。一夜で葉っぱが全て落ちるなんて・・・

そこで初めて自分の状態に気が付いたのです。ご飯もロクに食べていない・家の掃除も整理も適当・家にほとんどいない・元気が出ない・前向きな考え方をしていない・睡眠不足、そう自分自身のエネルギーが枯れてしまっていたのです。だから当然植物にも悪いエネルギーが連鎖してしまっていたのでした。

**「植物が枯れる=自分のエネルギーが枯れている」という現象**でもあったのです。

こんな状態ではワンちゃんが家に帰ってきても居心地がよく過ごせないと思い、また自分を整え始めました。そして、近所の植物屋さんに行き、全て枯れてしまった事を報告して、そこから回復するための手入れの仕方を教えてもらいました。

家を整えて、自分自身をまた整え直して、植物の手入れをしっかりしていくと、また１枚１枚小さな葉っぱが芽吹くようになりました。その小さな葉っぱがまた新しく生まれてきたとき、とても感動しました。そしてそれからは不思議なほど、二度と枯れなくなりました。そもそも枯れる観葉植物ではなかったのに、全て一夜にして枯れてしまった不思議な現象。でも植物が教えてくれたことで自分の状態にも気が付くことが出来ました。

**植物は家や人の気が良いと、長持ちする。でも悪いとすぐに枯れてしまう。**そして悪い気が出ていると、それから守ろうとしてくれるために自分がその悪いエネルギーを吸収してしまうそうです。だから植物の状態は家や自分自身のバロメーターにもなります。

ついつい自分の状態って客観視をすることが難しい時もあります。だからこそ植物はそんな心の状態を教えてくれるサインでもあるので、家に植物を置いておくと家のエネルギーの状態にも気が付きやすいですよ。

また**生きている植物が与えてくれるエネルギーに勝るものはありません。お花屋さんに行くと、気分が上がるという女性はとても多い**と思います。私も何か悩み事があるとお花屋さんに行って、気分転換をするようにしています。植物はいつも愛を私達に分け与えてくれています。だから家に季節のお花を飾っているだけで、心は癒され落ち着き、ますます家のことも大好きになれると思います。

何よりもこの家に来た人が、「家に帰りたくない現象」が勃発してしまうのは、それだけ悪い気が流れているということです。植物を家にも置けない家というのは帰りたくない家でもあるということです。植物やお花は、手間がかかるほど、愛おしい存在だと思います。

また面白い話を聞いたことがあります。神社の神主さんと出逢い話をしていると、「神様と繋がっている人は、庭がない家に住むとエネルギーを発揮できないんよ。」と教えてくれました。神様と繋がっている人は自然のエネルギーを取り入れないと、自分の力を存分に発揮できないそうです。

そう思うと、エネルギーが高い女性はみんな庭付きの家に住んでいました。私の人生の中で３人ほど会った瞬間からオーラのような神秘的なエネルギーに満ち溢れているなと感じた女性がいますが、３人とも庭付きの家に住んでいて、また神主さんと同じことを言っていました。

「庭付きの家じゃない時に住んでいたとき、毎日何故か分からないけど疲れていたの。身体が疲れているというか、心が疲れていて気力が湧かない状態なの。でも不思議なことにお庭付きの家に住んだ途端、すぐに元気になれたのよね。なぜか庭付きの家じゃないと心が落ち着かないみたい。」

そう思えば私自身も実家の家はいつも庭がありましたが、大学生になり一人暮らしした時から不幸な出来事が起こりました。でも実家を出てからまたこうして初めて庭付きの家に戻ってきました。すると、また良い事ばかりが引き寄せられてくるようになりました。神社の神主さんの言った通りだなと実感しました。女性は誰もが女神であり、神様と繋がっているのですよね。だから環境はとても大事です。

**あなたが今の家で落ち着かない状態であるならば、もしかして足りないのは植物のエネルギーかもしれません。**庭付きの家でない人は特に意識をして家の中にも植物を飾ってみて下さい。大きな観葉植物ではなかったとしても、小さな植物でも同じエネルギーがあります。

私もこの家に引っ越してきた時から、家を植物でいっぱいにしたいと思い、色々工夫をして作ってみることにしました。トルコから仕入れたガラスに絵付けをして、窯で焼成をして、かわいい小さい花瓶を作りました。

そしてホームセンターでプチ観葉植物も購入をして、その花瓶に一つ一つ、飾っていきました。

すると、とても華やかな感じになり、毎日の暮らしを彩ってくれました。

家に飾っていると、訪ねてきた友人や仕事の来客の方が、この可愛いプチ花瓶を譲って欲しいということになり、そこで販売も行うようになりました。

豊かさってこうした小さなところでも引き寄せていくことが出来るのです。

私がしてきた事は大きな工夫ではなく、小さな工夫ばかりです。

でもその小さな工夫が毎日の暮らしを豊かにして幸福度を高めてくれます。

植物はそれ自体で豊かなエネルギーを発してくれています。だから面倒とは言わず、家に植物を取り入れてみて下さいね。

## 開運ハウス～引き寄せレッスンポイント

★神様と繋がっている女性は庭がある家の方がその力を存分に発揮することができる。庭がない家の場合、なるべく植物をたくさん家に置くように工夫をしてみること。

★植物は家の状態、自分のエネルギーの状態のバロメーターにもなる。植物がすぐに枯れた場合は気が停滞している証拠。早めに習慣を見直すこと。

## 4・台所には神様が住んでいること

食材を選んだり、冷蔵庫の中身を空っぽにしていくと、気になった事が料理の道具でした。食材はこだわっているのに、それを扱う道具が適当なものではつり合いが取れないように感じてきました。今まで料理の道具はずっと同じものを大学生の頃から使っていました。特に壊れていないし、使えるからいいと思っていましたが、これを期に道具も一新することにしました。

そしてまず決めたルールは、安くても高くても必ず愛着のもてるものしか買わないというルールを決めました。この愛着をもてるというものは直感でもあります。デザインの授業で、人の愛着がもてる形は100通りあると習いました。つまり、みんな愛着がもてる形というものは違うのです。だから、あなたが愛着のもてる形というものが、あなたにとってピッタリとくるものなのです。

**ぴったり合う・しっくりくるという感覚は女性にとってとても大事です。女性は感覚で物事を考える性質でもあるので、合わないものを使っていけば、ストレスが溜まっていくからです。**料理の道具は毎日扱うものでもあります。その道具にストレスを感じていれば、そのストレスは毎日積み重なっていきます。

今持っている道具がピッタリときていれば断捨離をする必要は全くないです。私の場合は学生時代に購入したものばかりで、全くピッタリもしっくりもきていないものを使っていました。全部、値段を見て安いものを購入していたからです。だから思い切って一新をしました。

料理道具が売られているお店に行き、「これだ！」「この形だ！」と思うものを買い揃えていきました。自分がお気に入りの形の料理道具に囲まれると、キッチンが華やかに見えました。道具を変えただけでも料理を作ることがとても楽しみに変わっていきました。

そして、以前はお皿洗いや料理後の片付けは苦手分野でしたが、道具が自分のお気に入りになると、料理後はすぐに磨きあげるようになりました。お気に入り道具の効果の威力は私の後片付け嫌いも直していきました。でもそれは当たり前ですよね。お気に入りのお洋服は念入りに洗濯をしたり、クリーニングに出したり、クローゼットにも綺麗に整頓するのに、適当に買った服の扱い用はひどいものです。

だから料理の道具もお気に入りの道具に揃えれば、勝手に綺麗に整えるようになるのですよね。ただ料理の道具を断捨離するときは、必ず「お疲れ様」と声をかけてあげて下さいね。私は学生時代から活躍してもらっていたので、何度も「お疲れ様、ありがとう」と声をかけました。

**冷蔵庫を空っぽにする、道具を一新すると台所の空気や流れがガラリと変わってきます**。台所というのは神様が住んでいる場所でもあります。日本では台所を守ってくれる神様の存在が昔から信じられてきました。「火の神様」とも呼ばれる「荒神様」です。「火の神様、水の神様」が唯一存在する場所は、家の中では台所だけです。

だからこそ、台所を清潔にし、綺麗にすること、そして神様が住む場所だからこそ、台所に住むものはあなたが愛着をもてるものだけを置くこと。家の中の台所は神社と同じ感覚なのです。神社にはいつも選ばれた調度品しか置かれていませんよね？だからこそ本来は台所にお気に入りのものではないものが置かれていると運気は下がっていくのが当たり前なのです。

私の以前の台所は、お気に入りではないもので、ゴチャゴチャとしていました。神様も「なんだここは！私が住んでいる場所だぞ！」と怒っていたことでしょう。

冷蔵庫を空っぽにして、道具を選び直し、水にこだわり、食材にもこだわっていくと、台所もどんどん光り輝いていきます。その一つ一つのことは誰にでも出来る簡単なことなので、ぜひ実践してみて下さいね。あなたの台所に住む神様もきっと喜ぶと思います。

## 開運ハウス～引き寄せレッスンポイント

★台所には神様が住んでいる。台所を神社のように自分のお気に入りの調度品しか置かないようにすること。

★あなたのぴったりとくる・しっくりとくるという感覚を大事にして、モノは一つ一つ丁寧に選ぶこと。

## ５・冷蔵庫新ルールを作ること

次にして欲しいことは、冷蔵庫を一度空っぽにする作業です。私も以前は調味料には全くこだわっていなかったので、冷蔵庫も化学調味料が入った調味料などがたくさんありました。ケチャップ・マヨネーズ・醤油・お酢・味噌・塩・みりん・お酒・ドレッシング、全て化学調味料が入ったものでした。

味醂なんて「味醂ふう」と書かれていることを初めて知りました。味醂ふうって一体何なんだろう？！紛い物ではないかとビックリしました。

意を決して冷蔵庫の中のお手数おかけしますが、ものは全て捨てました。「もったいない」と思うかもしれませんが、調味料系はいつまでたってもなくなることはありません。断捨離は決めた時が一番大切です。「なくなってからで、またいつか」となっていると、いつまでたっても何も変わらない毎日が続いていくだけです。

**「こうしたい！」そう思った時こそが、あなたにとってのベストタイミングです。だからその気持ちが芽生えたら、サッサと捨てること。**私もまた感謝をしながら今までの調味料にサヨナラをしました。冷蔵庫が真っ白となった瞬間はとても気持ちが良かったです。

そして、冷蔵庫をピカピカに吹き上げました。冷蔵庫が綺麗になると、私の心もリセットが出来ました。

そして次に冷蔵庫に入れるものを決めました。

●新鮮なもの・鮮度が高いもの
●化学調味料を使っていないもの
●身体に良い質が高いもの
●賞味期限・消費期限が来たものは必ず捨てる
●良い食材にこだわるために調味料にかかるお金にこだわらないこと
●成分をしっかりチェックしてから選ぶこと

この条件を満たしているものだけが冷蔵庫に入るルールを作りました。人の癖というのは怖いもので、こうやって決めておかない限り、また以前の癖に戻ってしまいやすいです。でもそれは当然ですよね。その癖が長年の思考を作ってきているわけです。だからこそ、思考の癖を修正するためには、最初はしつこいぐらいに意識をすることが大切です。

私はこの冷蔵庫ルールをホワイトボードに書き込み、冷蔵庫にマグネットでピタッと貼り付けました。

このおかげで食材を選ぶときは意識をして選ぶことができるようになりました。そして新しい調味料はもうスーパーマーケットで買うことを辞めました。今やインターネットで日本全国の品質が良いものは調べたら買うことができます。

ですので、インターネットで成分・品質・そして生産者の想いなどもしっかりチェックして買うようにしました。

良い商品は、生産者の想いがしっかりと書かれています。逆に品質にこだわっていない安さだけにこだわっているものは何も書かれていません。なので、良い製品を選ぶにはインターネットでしっかり調べて買うことをお勧めします。

**私は日本全国から良い製品だけを選び、新しい選抜メンバーを冷蔵庫に入れました。**

すると、以前の冷蔵庫よりも、とっても愛着が沸くようになりました。前はスーパーで適当に買ったものだったのが、今度は一つ一つ選び抜いたものです。だからこそその選抜メンバーを使って料理をすることもまた楽しみに変わっていきました。

冷蔵庫の断捨離、新ルールを決めて選抜メンバーだけを冷蔵庫の中に入れるようにしてみて下さい。きっとあなたの心もリセットされて、料理をすることがまた楽しみに変わると思います。

### 開運ハウス〜引き寄せレッスンポイント

★冷蔵庫の中を一度断捨離すること。捨てる時は必ず感謝の気持ちを忘れずに。
★冷蔵庫の新ルールを決める。選抜メンバー以外冷蔵庫には入れないこと。
新しい商品を買う時は、生産者の想いを調べると良い商品に出逢いやすい。

## 6・良い水を選ぶと、人生は良くなる

人間の体はほとんどが水でできていて、６０％は水分できています。これは多くの人が知っていることですが、では水にこだわる人ってどれくらいいるのでしょうか？

私は、以前は全く水にはこだわっていませんでした。「水を飲んだ方が良い」と

は知っていましたが、水だったらどんな水でもいいのだろうと思い、スーパーで買った水やコンビニで買った水を飲んでいました。

そしてお味噌汁やご飯のお水は、水道水を加熱するから大丈夫だろうと思い、水道水を使っていました。

全くと言っていいほど、水には何一つこだわっていませんでした。


でも、水にも色々と種類があり、コンビニやスーパーで売られている水は、水源から摂取した地下水で濾過や沈殿、加熱殺菌したものや、水を加工したものがあるということを教えて頂きました。

「水を加工！？」ということに最初は衝撃を受けました。加熱殺菌したものや、水を加工しているものは身体には良くないということで、コンビニやスーパーで水を買っていた習慣を辞めました。


全国各地の美味しい水を買い、水比べをするようにしました。驚くことに今までは水は2ℓ100円程度で買っていましたが、品質にこだわっている水は300円

～なのですよね。でも私達の身体を６０％も水が支配しているのなら、当然良い水を飲んだ方が身体のエネルギーも良い状態に変わります。

全国の美味しい水を飲み比べていましたが、私にぴったりときたのは九州の水でした。

「身土不二」という言葉があり、「この身体と、それが拠り所にしている環境は一体である」という意味で、自分が生まれた土地、または暮らす土地で採れたものを食べるべきだという考え方です。

ですので、**あなたにぴったりと合う水もきっと「自分が生まれた土地、あるいは暮らす土地」が合う**と思います。

私は水比べをしてぴったりと合う水以外では、神様の山から湧き出ている水を取りにいくようになりました。

神様が住んでいる山に神社があり、そのお隣に山水の天然水が流れているところを発見してからは、ペットボトルも持参してそのお水を汲んで料理に使うように変わりました。今まで水に興味関心がなかったから、その場所にも気が付かなかったのだと思います。

でも本当はもうこんな近くに「在る」のです。私は水にこだわるようになってから、山水が多く湧き出ているところをたびたび発見するようになりました。自分の意識を変えただけでこんなにも世界は変わるのです。日本は水の国で、こうやって水が湧き出ているということは奇跡なようなことでもあります。

というのも、海外に行くと、レストランで「水」が無料で出てくることはありません。必ず自分でペットボトルを買って注文しないといけないのです。日本ではお店に入ると、当たり前のように水が出てきますが、海外から見たらそのサービスは驚くべきものなのです。

私は昔から海外旅行によく行っていたので、そんな事も知っていたのに、水に対しても感謝を全くしていませんでした。食べ物に関しても水に関しても、本当に傲慢になっていたのです。でも、神さまのふもとから湧き出る水を週に1回汲みに行くようになると、水に対しても感謝の気持ちが自然と湧き出てきました。

「神様から水を頂けて嬉しい。ありがとうございます。」

だからこそお料理でその水を使う時も自然と、感謝の気持ち、嬉しい気持ちが湧き出るようになり、料理を作る楽しさも変わっていきました。

以前は水道水でご飯を炊いて、水道水でお味噌汁を作っていましたが、神様の水でご飯もお味噌汁も作るようになると、ご飯もお味噌汁も光り輝くようになりました。だからご飯・お味噌汁だけでも心の幸福度は格段に上がりました。

以前はおかずが大量にないと、食べた気分がしなかったのですが、今はご飯・お味噌汁それだけで最高の気分になります。水にこだわるようになるだけで、こんなにも心の幸福度が変わっていったのは、やっぱり良い水は良いエネルギーに変わるからだと思います。

最初は大量のペットボトルを持って、水を汲みにいくことは面倒くさいなと思っていましたが、今は神様のふもとでお水をくむ習慣は、神様に感謝を伝えることができる時間でもあるので、楽しみな時間です。

水にこだわるだけでも、心の幸福度は全く変わってきますので、ぜひあなたにピッタリと合う水を探してみて下さい。その過程もきっと楽しいと思いますよ。

### 開運ハウス～引き寄せレッスンポイント

★良い水を選べば、人生も良いものへと変わり、開運に導かれていく。

★「身土不二」あなたの生まれた土地・住んでいる土地の水を選んでみよう。そして、山から湧き出ている水を探しにいってみよう。

## ７・食事の時間は心を込めて食べること

良いものを食べることはあなたを開運に導くために大事なことですが、その食事の時間をどのような環境で過ごすのかも重要なポイントです。せっかく良い食べ物を食べても、あなたが「ながら食べ」だったりしたら、その良い食べ物の持つ効果も半減してしまうからです。

例えば、私は以前は、テレビを見ながら食べていたりしました。テレビも心から見たいと思うテレビではなく、その時間帯にある別に見たくもないテレビでしたが、なんとなくつけて食べていました。その結果、何を味わっているのかも食べ物を食べる喜びも感じられなくなりました。だんだん食べ物を取る時間が無駄な時間のように思えてきて、短縮して食べられるものを選ぶようになってきました。

そんな感じで食べ物を食べていても、心の栄養には全くならないですよね。せっかく農家の方が精魂込めて作った食べ物をながら食べなんてしていたら、農家の方も浮かばれません。私は農家の方の知り合いも多いのですが、農家の方は本当に心を込めて野菜を作っています。食べる人の幸せを考えて作っているのに、その食べる人が何の感謝もしないで、食べていたら農家の方も報われないと思います。

私はそういう食べる時の環境も良くなかったのです。だから結局自炊をしていても、栄養失調のような状態になったのだと思います。良いものを食べてそれでＯＫという考え方はしないようにして下さいね。

食べ物を食べている時間は、「命を頂いている時間」なのです。だからこそ本当はとても神聖なもので、心から感謝をする時間であるはずです。

私はもう一度食事の環境を改めることに決めました。

・テレビは見ない
・食べながら携帯を触らない

・一人でご飯を食べる時も「いただきます」と声に出してお辞儀をする
・しっかり味わいながらご飯を食べる
・朝は太陽の光と共に、夜はキャンドルの灯りとともに。
・音楽は大好きなクラシックを流す
・食べ終わると「ごちそうさま。ありがとうございます」と声に出す。

こうやって**自分ルールを決めて、ご飯をしっかりと楽しみながら味わうようにしました。すると、心の満足度がどんどん上がっていきました。毎日このように取り組むことで「感謝」の気持ちが強く芽生えていったのです。**今までは恥ずかしながら感謝もせず、ご飯を食べる時間は無駄な時間のようにまで感じていました。でもそれは思い上がりですよね。他の生物の命を頂いているのに、そんな傲慢な態度で、神様から愛されるはずもありません。

食事は神聖な時間と思い、毎日食事を頂けることに感謝の気持ちをもつようになると、毎日の暮らしにも小さなことにも感謝の気持ちをもつように変わっていきました。

現代人は忙しく、そして日本では食べ物を食べられることなんて当たり前のようになっていますが、こうやってご飯を毎日頂けることも当たり前のことではありません。良い食材をせっかく調理しても、携帯を見ながら、テレビを見ながら食べていては、その食材の本当の良さも活かせません。

ですので「食事の時間＝神聖な時間」に変えてみて下さい。そして自分ルールを作って、食事の時間を楽しむようになると、きっとあなたの心は変わっていくと思います。

### 開運ハウス～引き寄せレッスンポイント

★食事の時間はどんな環境で食べているのか見直してみよう。

★食事の環境にもこだわるようになると、良い食事は心の満足度・幸福度を高くする。

## 8・器にこだわると初めて開運ご飯になること

家をパワースポット化していくためにこだわって欲しいことが、「器」です。**器にこだわることで食事は初めて完成をします**。良い器は料理をさらに魅力的に仕上げていくスパイスのような存在だからです。

もし料理と器に何の関係もないとしたら、飲食店やホテルや旅館があんなにも器にこだわったりはしないと思います。こだわりがある料理を提供する場所ほど、器にも強いこだわりがあります。料理はただ胃袋を満たせば何でも良いというわけではなく、芸術でもあるからです。

特に感性が強い女性にとって、美しいものはそれだけで心を満たしてくれるものでもあるからです。だからこそ試して欲しいことがあります。料理を作って、紙皿に盛りつける・特別なお気に入りの器に盛りつけるをして、どちらも食べてみて下さい。不思議なぐらい味が変わると思います。

感性豊かな女性は「目に見えないもの」を毎日知らないうちに多く受け取っています。食事は毎日の生活を彩るために欠かせないものですが、その食事をエネルギーの高い器で味わうのか、適当に買った器で味わうのかは、大きく心の豊かさに影響を及ぼしてくると思います。

女性の身体には神様が住んでいます。ではその神様が喜ぶのはどんな食事なのか？例えば神社で神様に与えるご飯が適当に買った百均のお皿ということはないと思います。必ずこだわりがある器に添えて神様に献上をする。私達の中に住んでいる神様は私達が食べているもので身体の中からエネルギーを創り出してくれています。

だからこそ、心を込めた食事を心の込められた器にのせて毎日神様と会話をするように食事の時間を楽しむとどんどん幸運が切り開かれていきますよ。私の家は器にとてもこだわっている家庭でした。百円均一のお皿や適当に買ったお皿は1枚もなく、作家さんが作ったもの・お気に入りのブランドの器など、食器棚には色とりどりの器が飾られていました。

そして料理に合わせて、器は選ばれていき、だから毎日の食卓は毎日違う器でした。私は子どもの頃から「今日は何の器だろう?」ととてもワクワクしていました。同じ料理でも器が違うだけで、違う料理に見えることは魔法のようで食事の時間はいつも器を楽しむ時間でもありました。

そして小学校の時、陶芸作家さんから初めて自分で器を作った時はとても感動しました。自分で作って食べるご飯は特別な味がしましたが、自分で作った器に盛りつけると、ますますご飯が美味しく感じました。それから私は大人になるまで、陶芸の勉強をしてきました。

大学生の時に、初めて教授から「展覧会をして自分の作品を売りなさい。」という課題が出されました。

その時は誰が私の作った器を購入するのだろう?と怖くなりましたが、思い切ってやってみると、大きな感動がありました。

来てくれる方々が一つ一つ器を手に取って、「この器ならお茶の時間が楽しくなりそう♪」「こんな色のお皿はカレーを美味しくしてくれそう」「私の手は小さいから小ぶりのお茶碗を探していたの♪」と話してくれて、とても嬉しかったです。一つ一つの器はその人の人生に寄り添って、イロドリを添えてくれているのだなと実感しました。

私自身も小さい頃からこだわりの器がずっと身近にあり、人生の様々な場面で器も支えてくれていた事を人に販売をした事で初めて見つめ直しました。試験勉強できつかった夜は丸い形をしたカップを選んでココアを淹れて飲んでいた。でもその器の丸さと手作りの器の温かさを感じてココアはますます心を癒してくれた。

ルピシアのちょっと良い紅茶を買った時は、買う時どんなカップに入れて飲もうかと考えるだけでワクワクが止まらなくなった。小走りで家に帰って、思い浮かべていたカップに紅茶を淹れて飲んだ。すると、幸せな気持ちで心が満たされて天まで登るような気持ちになれた。

友達とケンカして辛かった日は、作家さんが心を込めて作った土鍋でお粥を作って食べると、「やっぱり言い方が悪かったかもしれない。ごめんねと食べ終わったらいいに行こう！」と心に魔法がかかったみたいに素直になれた。

料理だけはなく、それを彩る器も人生を豊かにしてくれていた事に気が付きました。それに作家さんの器にはどれほどエネルギーが込められているか私自身が器を作るからこそよく分かるんです。一つの器を作れるようになるまでにたくさんの練習をします。デザインをして成型をして、器を削って乾燥させて陶芸窯で一度焼成をします。そして釉という釉薬で色を付けてまた焼成をします。

絵付けをする場合は、そこから何度も何度も重ねて焼成したり、器一つ作るのに莫大な時間と労力が必要となります。でもそれでも器一つの値段はとても安く売られています。たいてい１０００円〜５０００円以内で良い器は手に入ります。

でも時間給で考えると、一つの器が１０００円〜５０００円ならば陶芸作家にとって儲けは全くありません。それでもなぜ器を作るのか？といえば、器を作ることがとても好きな事と、誰かの生活を彩り豊かな毎日を送って欲しいという強い想いが込められているからです。

私自身も器をデザインする時はいつも誰かの笑顔を思い浮かべて作成をしています。だから作品を購入した人から、たまに手紙を頂くのですが、とても心が温かく幸せな気持ちになれます。

現代はモノが何でも安く売られており､器も１００円で購入することもできます。でも安いモノというのはいつも仕掛けがあって、安く作るためには、化学調味料・

化学物質・農薬など人間にとっては毒であるものを使っている場合がほとんどです。最近、車を運転していると、「一戸建て７８０万円で購入できます！」と大々的に張り紙をしているのを見かけて怖くなりました。家も安く作るためには、訳ありの材木・化学物質など人間の身体に良くないものが使われています。

でもそんな家に暮らすと、人はどんどん身体に悪いものを知らず知らずに取り入れていき身体を壊してしまいます。農薬も化学調味料も化学物質も目に見えないものだからこそ、怖いのです。現代人はそうやって、「目に見えない毒」を毎日の暮らしにたくさん取り入れているから、運気が全く上がらない人が多くいます。

器も安い器には必ず何かの仕掛けがあります。だから「安さ」でモノを選ぶようになると、不幸は常に付きまとってきます。だからといって、高いものが全て良いというわけではなく、モノを見る目・選ぶ目というのはとても大事です。

ただ陶芸作家が作る器はとてもお勧めします。陶芸作家が器を作るのは、儲けではなく、本当に器を作るのが好きだから、また誰かの生活を豊かにする一つにしたいと願っているからです。そういう心を込められたモノは、想いが込められているからこそ、あなたを幸せの方向に導いていきます。

**モノには一つ一つのエネルギーが込められています。でも作り手に愛があり、心が込められているものは幸福のエネルギーを発しています。**それで満ちている家と、適当なガラクタばかりがある家、どちらが幸運を導いてくれる家なのかはすぐに分かりますよね。

私自身も一つ一つのモノを丁寧に選ぶようになってから、毎日の心の豊かさは大きく変わりました。お味噌は山形県で作り手が愛を込めて作っているもの・出汁は香川県の小豆島のもの・器は自分で作ったモノ作家さんが愛を込めて作ったモノ・野菜は無農薬にこだわって作った農家さんから直接、そうやって一つ一つ、時間をかけて自分の足で行動をして、見つけたお気に入りのモノが人生を豊かにしてくれました。

大量生産された材料にもこだわっていないモノと、材料にこだわり一つ一つ想いをかけて作られているモノとは全く込められているエネルギーが違います。

モノなんてエネルギーを発しているわけがないと思うかもしれませんが、そんな方こそ一度試して欲しいのです。モノにはエネルギーがないという方はきっと、モノにこだわった事がない方だと思います。私も最初はそうでした。モノにエネルギーが込められているなんて怪しすぎて信じなかったし、だからこそスピリチュアルも嫌いだったわけです。

「金額」や「利便性」で選んだモノばかり、適当に選んだモノばかり、よく吟味せずに選んだモノばかり、そんなものが私の環境を支配していました。でも、一つ一つを捨てて、一つ一つを吟味して選び、**そうやってお気に入りのモノだけで周りの環境を整えていくと、人生はとても幸福で豊かなものへと変わっていきました。**

それはきっとその一つ一つのモノが誰かの想いをしっかり受け止めて良いエネルギーを発してくれているからだと思います。私自身も器を作るときには、とにかく一つ一つ丁寧に心を込めて制作をしています。だからやっぱり自分が作った器を使うと、いつもの紅茶タイムも2倍以上の幸せを感じられます。

器にこだわると、料理にも魔法がかかります。器がその料理をさらに魅力的に引き立ててくれるからです。**ただ器選びのポイントとしては、あなたがピッタリとくる器を選んで下さいね。**有名な窯元だから、有名な陶芸作家だから、有名なブランドだからといって肩書きや外側ばかりをみて購入をしないようにして下さい。

特に自分に自信がもてない人ほど、モノを購入する時にブランド品ばかりを求める傾向があるのですが、外側に承認欲求を求めても、内側の幸福は全く高まりません。私もよく「お勧めの器、お勧めの陶芸作家、お勧めの産地を教えて。」と聞かれることが多いです。私の返答としては「自分が良いと思った場所に行って下さい、自分の目で確かめて下さい。」といつも返しています。

私のピンとくる器とあなたがピンとくる器は全く違うからです。私には私だけの感覚があり、あなたにはあなただけの感覚があります。でもそれを他人に委ねたり、外側の肩書を求めて、自分の感覚を無視してしまうと、結局その器を購入しても、だんだんと食器棚の隅に置かれていき、器もただのお飾りの存在となってしまうからです。

私も最初の展覧会をして器を販売する自信がなくて、教授に「やりたくないです。」と話した時に、教授に言われた言葉を今でも覚えています。

「器は使ってもらってこそ、初めて存在意義を見出すのだ。絵画は飾ってもらうだけで効果を発揮するものだが、器は違う。器は人に使ってもらわない限り、本来の力を発揮することは出来ない。君はたくさん作品を制作しているが、その作品を全て君が使うことは出来るか？埃をかぶっている作品がたくさんある。それでは君の器は泣いているぞ。この世界にせっかく誕生したのに、誰からも使ってもらえないからだ。モノは使ってもらうことで初めて意味を見出すんだ。だから君がせっかく心を込めて作ったものに命を吹き込んであげなさい。」と教えてくれました。

その言葉に勇気をもらって、初めて販売をした時、お客様が手に取ってくれた瞬間に涙が溢れてきました。

器がとても輝いてみえたからです。そして購入をしてくれた人が写真を撮って手紙を書いてくれた時に、その人の家で輝く器を見ると、私が作った時よりもずっと輝いてみえました。だから、器は使われることで初めて存在意義を発揮します。食器棚の陰に追いやられた器は悲しいエネルギーを出しています。

長く器を扱うには、私がお勧めした器では意味がありません。**ブランド作品でも有名な陶芸作家の作品でもあなたが心から気に入ったものでないと意味がないのです。**無名な作家でも安い作品でも高い作品でもあなたがこれだ！と思ってピンときた感覚のモノならば、必ずあなたを幸せに導いてくれます。

自分の感覚は「人頼り・ブランド頼り・有名頼り」になっていくと、だんだんと自分の感覚が失われていき、自分迷子にもなっていきます。その末路が「どんな人が好きなのか分からない・どんなモノが欲しいのか分からない・どんな仕事をしたいのか分からない。」などの自分自身が全く分からなくなるという問題が生じていきます。

現代は自分迷子の女性がとても増えてきています。だからこそ一つ一つのモノを選ぶことは、自分自身の本来持つ感覚を研ぎ澄ますことにも繋がります。**自分自身の感覚が研ぎ澄まされていけば、直感の精度が高くなり、引き寄せの魔法もスルスルと使いこなせるようになります。**女性は本来その力がとても高いのです。高い能力を持つ女性が一つ一つどれが自分にピンとくるものか選べないというのは、心の病気のような状態だと思います。

自分だけの感覚を研ぎ澄ませていくと、スルスルと神様からやってくるメッセージを受け取ることもできるようになります。ただ包丁を研ぎ澄ませるのと同じで感覚を研ぎ澄ませるのも訓練が必要です。身近なモノを一つ一つ、あなただけのお気に入りのものだけにするというのも訓練の一つでもあるので、自分の感覚を信じて、あなただけの最高の器を探してみて下さいね。

器にこだわると、毎日の食事の時間がますます楽しい時間に変わっていきます。日々の暮らしを彩るには大きな工夫ではなく、小さな工夫を心がけること。あなたの人生を幸せに導いてくれる器と出逢えますように。

### 開運ハウス〜引き寄せレッスンポイント

★想いが込められている器は人生を幸せの方向に導いてくれること。
★器選びは他人に委ねず、自分のセンスを信じて選ぶこと。有名・無名・ブランド・ノーブランドなど外側の情報に惑わされず、自分の感覚を信じて積み重ねていくと、本来女性がもつ感覚が研ぎ澄まされていくこと。

## 9・理想の家が出ている映画やアニメを集めること

書いてみて、私はまだまだ理想が明確ではないな~と気が付きました。引き寄せで大切なことは、明確なイメージです。今までも明確にイメージ出来ていることはすぐに引き寄せることが出来ましたが、明確にイメージ出来ていないことは、中々引き寄せが出来ませんでした。せっかく最強の開運ハウスを引き寄せると決めたなら、理想の家をもっと明確にイメージしようと決めました。

そこで、映画やアニメの世界からこの家は素敵だなと思った家の画像を集めて、ノートに貼ってみることを始めました。

女性の場合は右脳優位なので、直感的思考であり、
・イメージ・芸術性・創造性・ひらめき・空間認識
・全体を見る力・音楽を聴く・図形を読み取る・同時的情報処理能力

という能力で物事を判断する力が強いです。つまり、イメージの力が女性にとっては最高の引き寄せの武器になります。文字で見るだけではなく、イメージで空間を捉えるほうが圧倒的に理想の引き寄せが叶いやすいのです。

私はさっそく今まで見た映画やアニメ・ドラマの理想の家の画像を集めることを始めてみました。

そして、しっかりとどこが気に入ったのか好きなのかも書き出しました。

「宮崎駿監督　となりのトトロの家」

⌂気に入っているPOINT⌂

・庭が広い
・不思議な洋館・一軒家
・緑がたくさん・自然がたくさん

・ご近所の人が良いひとばかり
・トトロが裏の森に住んでいる
・部屋がたくさんあって広い
・建築の形が好み
・レトロで唯一無二の家

「宮崎駿監督　耳をすませばの家」

気に入っているPOINT

・不思議な洋館
・一軒家・広い
・見晴らしが良い
・部屋にアトリエスペースがある
・素敵な仲間が気軽に集まれる
・土地の雰囲気が良い
・演奏を自由にしても近所から怒られない
・近所に良い図書館がある
・静かな住宅地・環境

「梨木香歩さん　西の魔女が死んだの家」

**🏠気に入っているPOINT🏠**

・不思議な洋館
・一軒家・広い
・広い庭がある・静かな環境・空気が良い
・イングリッシュガーデン
・アンティークな家具が可愛い
・煙突・暖炉がある
・テラスもついている
・日の光がたくさん家に入る
・植物を部屋に飾るスペースがたくさんある

「映画　ベネシアさんの四季の庭の家」

⌂気に入っているPOINT⌂

・四季の庭・ハーブガーデン
・一軒家・古民家・ＤＩＹ
・広い庭がある・静かな環境・空気が良い
・暖炉のある家
・家具の一つ一つに暖かみがある
・アトリエ・書斎もある
・家の窓が大きくて緑を見ながら読書ができる
・キッチンが大きくて使いやすい

「綾瀬はるか主演ドラマ　ホタルノヒカリの家」

**⌂気に入っているPOINT⌂**

・一軒家・縁側がある
・庭がある・庭にもホタルが出る綺麗な環境
・１階しかないけど、暖かみがある
・ぬくもりがある家
・ご近所さんがみんな良い人
・キッチンが広い
・日の光がたくさん家に入る
・昭和レトロなアンティーク

こうやって、理想の家をノートにピックアップして、どんどん理想の家のイメージが広がってきました。そうして、やっと私は自分の気持ちに向き合うことができるようになっていきました。

## 開運ハウス〜引き寄せレッスンポイント

★映画・ドラマ・漫画・雑誌などから理想の家をピックアップしていく。
★気に入っているポイントをノートに書き込んでいくこと。

## 10・家をどのようにデザインするかワクワクしながら決めること

引き寄せで、たまたま不動産コンサルの方と出逢いました。不動産コンサルの人とお話していると、「家を建てる時・家を買う時は必ず自分がどんなインテリアや内装が好きなのかイメージしておく方がいいし、パートナーと住むならしっかりパートナーと話し合った方がいいよ。」と教えられました。「どうしてですか？」と聞くと、「圧倒的に揉めるからだよ！」と笑っていました。

それまで話合いをしていなかった夫婦は家を建てるとなると、どんな内装にするのか、どんな部屋を作るのか、キッチンはどうするのか、書斎はどうするのか、どんなインテリアを置くのかで必ず揉めて、ひどい夫婦はそれでお互いの価値観が分かり、離婚する夫婦もいるそうです。

パートナーと普段からそんなに話をしていない夫婦は、急に家を建てるとなった時、お互いの好みをこれまで理解していなかったので、話合いも難航するそうです。

だから今の段階から、どんなインテリアが好きなのか・内装がいいのか、ノートブックを作っておいたほうがいいよとアドバイスしてくれました。

私はその話を思い出しながら、ある一人の女性を思い出したのです。起業ブランディング講座を開催していた時に、「自分の部屋が4つの異なるインテリアがあり、自分が一番どのインテリアが好きなのか分からないんです。だからどんなブランディングをすればいいのか分からなくなります。」

彼女の部屋は確かに一つの部屋の4つのテーマが分かれていました。ハワイ・和風・アンティーク・ロココ調と一つの部屋にバラバラなインテリアがあり、それが融合しておらずケンカしていて心が落ち着かないような部屋でした。彼女のコンサルティングを行い、彼女が本当に好きだと思う物を一つ一つ探っていくワークを行いました。

すると、彼女が好きだったのはやっと大正モダンであることが分かったのです。

つまりハワイ・和風・アンティーク・ロココ調とどれも関係がなかったことに驚きました。彼女はその頃自分に自信がもてず、どれが好きなのか分からず、なんとなく惹かれるものをなんとなく選んでいたのでこのような形となってしまったようです。やっぱり部屋は心の問題が沸き上がるのだなと思ったのと同時に、最初に予め家にするのかデザインしておいた方がいいなと思いました。

私自身もすぐにプチインテリアを買う癖があったからです。悪い癖は気が付いたら持ち込まないことが先決です。新しい家はヨーロッパのアンティーク調で、シャンデリアもカーテンもベッドも食器棚も予め揃っていたので、家具を置くときはなるべくその内装と調和するものだけと決めました。私自身がヨーロッパのアンティーク調がとても好きだったので、正直もう何も置かなくても満足できる気がしました。

「プチインテリアを買う癖を辞める！」「家のアンティーク調を崩さない！」と固く決めて、足りないものをインテリアショップを回って最低限買い揃えました。

以前はアレもコレも欲しいと思い、どれを購入するか悩んでいましたが、自分の悪い癖を最初に内観して、手放し、心を整えていたので、本当に欲しいものだけを選ぶことが出来ました。そうして新しい家は、居心地が良い家具とインテリアだけが揃いました。やっと配置が終わると、今まで暮らしてきた家とは比べものにならないほど、心が落ち着きました。

## 「まさか家にいるだけでこんなに幸福が広がるなんて・・・」

今までは家にはあまりいたくない、夜寝るだけの家となっていましたが、今の家はずっといつまでもいたい家となりました。全てにこだわり、全てに妥協せずにいると、家にいるだけでもこんなに気持ちが安らぐことを初めて知りました。

絵画がいつも飾ってあるアートな部屋が理想でしたが、その夢もこうして叶いました。すると、知り合いの方が大好きな橋田寿賀子さんに直接頼んでくれて、「渡る世間に鬼はなし」という素敵なサイン色紙まで送ってくれたのです。この家に住むようになってから、良い引き寄せしか起きなくなりました。全てにこだわると、こんなに素敵なサプライズ引き寄せも起きるようになりますよ。

## 開運ハウス〜引き寄せレッスンポイント

★理想の家の内装を今のうちからしっかり考えておきノートに整理しておくこと。

パートナーがいる方はパートナーとお互いがどんなインテリアや内装が好きなのか話し合っておくこと。

★悪い習慣は先に手放す！自分との新しい家で暮らすための約束を先に決めておくこと。

## 11・雰囲気が良いと思った場所を歩いてみること

さて、ここまで準備をしてきていよいよ私は行動を開始しました。ワクワク引き寄せるためには、まずは何の縛りもなく、雰囲気が良いなと思った場所を歩いてみることにしました。愛犬と車でぶ～んと出かけて、「ここなんとなく雰囲気が良いな」と直感で感じた場所を見つけると、車を停めて歩いてみました。ここが今までの家探しとは大きく異なることでした。

以前の家探しの時は、とりあえずネットで条件を入力して検索するか、不動産に行って条件を提示して家を選んでいました。でも、もう条件を手放した私は、心のままに行動をしてみることにしました。

雰囲気が良いなと思って、知らない街を歩くと、それだけでワクワクとしてきました。素敵な家を見つけては「わ～いいなこんな家素敵だな～」と愛犬とニコニコしながら雰囲気が良いと思える場所を歩くことを続けました。

この自分が雰囲気が良いと思う感覚こそ女性にとっては一番大事な感覚です。雰囲気が良いって、じゃあどこがいいの？と問われると、詳細に説明できないことが多いです。感覚として雰囲気が良いと感じていることなので、それを言葉でと言われても上手く説明することができないからです。男性の場合は左脳優位なので、雰囲気が良いという感覚的な言葉でなくて、○○だからこの場所は良いという理由をつけて言語化ができますが、女性は感覚優位なので、「あっなんか感じがよい」と思う場所こそがあなたにピッタリとあっているということです。

逆に女性がペラペラと言語化して、ここはこうだから雰囲気が良いと伝えるようになると、それは左脳で物事を捉えているので、直感とはかけ離れていることが多いので、良い引き寄せは起きにくいです。

だから**女性の場合、書面で家を探すよりも、まずは自分がいいなと思う場所を体感してから探すほうがお勧めです。そしてその感覚は一人一人違うので、あなただけの感覚を信じて、探してみて下さい。**

私はそうやって、愛犬と歩き回る日々が続きました。すると知らなかったカフェやお店なども次々と発見するようになりました。こんな住宅地にカフェがある、こんな都市から離れた場所に不思議なお店があるなど、様々な出逢いや発見があり、ワクワクしながら行動を続けることができていました。

そうして雰囲気が良い場所を歩いてみると、「空家」という張り紙が色々な家に貼られていることに気が付きました。ここ良いかもと思った家は、とりあえず内覧させてもらうことにしました。不動産の電話番号がかかれているので、「今から家を見ることができますか?」と問い合わせをして家を内覧させてもらうことを続けました。

外側の外観はとても良くても、中に入って見るとガッカリすることも多かったです。「う~ん、思ったのとは違う・・・」という物件との出逢いは続きましたが、それでも心の中にしっかりと理想の家のイメージが湧いていたので、諦めることはありませんでした。

理想を発見するまでは、必ずうまくいかないストーリーがある。漫画を見てもそうだ。スルスルとうまくいくことなんてなく、どんな漫画でも上手くいかない時がある。だからこそこれはストーリーだと思い、気落ちせずに、またワクワク行動することを繰り返すことができました。

## 開運ハウス～引き寄せレッスンポイント

★直感で雰囲気が良いなと思った場所を心のままに歩いてみる。

★いいと思った物件は必ず内覧をすること、そのままで放置せずにすぐに内覧をして、ダメだと思うと執着をせずに手放すことを繰り返すこと

## 12・スケジュール帳にワクワクDAYを明記しておくこと

私は最強の引き寄せリストを持ちながらいよいよ行動を開始する日を決めていきました。引き寄せは何でも願っているだけで上手くいくということではありません。地球は行動の星なので、結局動かない限り、神様に願いは届かないからです。

引き寄せの法則＝「夢を書く・願いを明確にする・未来を決める」＋「ワクワクしながら行動する」

これは常にセットなので、最後の締めはどれだけワクワクしながら行動するかが大切です。

例えば、恋人を探すときもこの「ワクワクしながら」というのがとても大切です。

「どうせ、私なんて無理だろう」「ダメ元でとりあえず婚活パーティーに参加するか」、「男なんてどうせ若い子がいいよね」そんな気持ちで行動をすると、やっぱり嫌な現実しか引き寄せることが出来ません。

ただ**行動するだけではなく、ワクワクしながら行動するということが理想の家を引き寄せるためには一番大切です。**ワクワクという心はとても軽いエネルギーなので、重たいものではなく、心が楽になれる軽いふわふわとしたものを引き寄せやすいのです。

でも、なかなか行動をしても引き寄せることが出来ないとどんどん気持ちは落ち込んでしまいやすいです。だからこそ毎日、楽しい時間や心豊かになれる時間を取りながら、無理がない行動をしていくことが大切です。婚活女子でも三か月で絶対引き寄せてやるー！と意気込んで、三か月で50回ほどの婚活パーティーに足を運んだ人を知っていますが、やっぱり最初が重たいエネルギーだったので、嫌な男性しか引き寄せられず、最後は疲れ果てて、「もう私には無理・・・」と自己否定をしてしまったのですよね。

そうなると、次に行動することがなかなかできなくなります。強い思いは必要ですが、あくまでも軽く、軽く、心地良いペースで行動をしていくことが鍵となります。だから女性の場合は、生理の影響でホルモンバランスも変わりやすいので、自分の身体はきつい時は必ず無理はしないこと、楽しく動ける時に動くということが大切です。それも自己理解に繋がっていきます。

私もアプリなどで毎月の月経を記録しているので、身体と心が絶好調の時にはどんどん行動を起こすようにしました。自分の身体が悪い時は、逆にゆるく楽しんで行動しない時はワクワクのイメージを保つようにしていました。一番大切なのは、オンオフの切り替えとメリハリです。

「動く時は動く、でも動かない時は動かない」

そうやって決めておくと、ワクワクを持ちながら軽く行動することができるようになりますよ。

そんな感覚で行動をしていると、私は理想の家を三ヶ月で引き寄せることが出来ました。しかも、あの理想の家リスト通りです。

無理せずに、楽しくワクワクしながら行動していれば、こうやってスッと引き寄せも叶うものです。

ですので、行動を開始する前に、自分の体調状態を見て、一ヶ月の中で、ワクワク行動する時と、しない時を最初から明確にしておくと、とても楽に無理なく行動することができるようになりますよ。

最初の行動をすることは誰でもできるのですが、一番難しいことはその行動を続けることです。

でも、行動を続けない限り、なかなか引き寄せは起こすことが難しいです。

だからこそ行動を続けるためには、自分の状態を最初から知ってあげることが大切です。

月経の開始日だけではなく、仕事の忙しい時期など、プライベートのスケジュールなども見ながら、ワクワク動けそうな時はスケジュール帳に（★ワクワクＤＡＹ）と明記してみて下さい。

### 開運ハウス〜引き寄せレッスンポイント

★行動を開始する前に、自分の身体と心の状態をチェックしておくこと
★ワクワク行動することが出来ない時は、行動をすることを辞めること。オンオフと切り替え、メリハリを明確にしておくこと
★スケジュール帳にワクワク動ける週や日（ワクワクＤＡＹ）を明記しておくこと

## 13・開運Ｒｕｌｅ・7ヶ条の教えを守ること

「あのね、うちのお母さんがあなたに手紙を書くといって聞かなくて。この手紙を読んでみて！」と言って私の親友が可愛い封筒に入った手紙をくれました。読んでみると、そこには　「呪いを解いて運気をあげる方法を伝授するね！」と書かれていました。私は大学生の頃、運気とか開運とかには全く興味がなかったので、「お母さん変わった人だね・・・」と唖然としていました。

でも私の事を思って、手紙にわざわざ書いてくれたのです。それはとても有難いことだと思い、友達のお母さんに電話をしてお礼を伝えました。

お母さんは、「あのね、嘘だと思って試してみて。私も実はあなたと同じようなことがあったのよ。でもその時に私の母から掃除・断捨離が運気を上げると言われて実践をしてみたの。そしたらその後、良い事しか起こらなくなったのよ。なぜか分からないけど、お金に困らない人生になって、今はマンション経営もしていて、本当にお金に恵まれていてね。だから試してみて！必ず運気が上がるから。」

と言われました。その手紙には他にもこう書いていました。

★使っていないものはそれが悪い気を出して人の運気を下げますからご注意を★

## 開運の7か条の教え

1　必ず着ない服は捨てること・1年間着ていない服は容赦なく捨てる！
また、古着には人の怨念がたまりやすい・古着は捨てること

2　使わないものは捨てること・もしくは欲しい人がいれば譲ること

3　元彼などにもらった指輪・プレゼントなどは捨てること！怨念があるから

4　半年ごとに下着は捨てること

5　使わないコップやお皿なども捨てること

6　テレビのホコリやベッドの下のホコリはきちんと掃除をすること
ホコリには貧乏神が取りつきやすいから

7　使わない・ボロボロになった靴は捨てること
運気は足元からやってくる

最後に一つだけルールがあります。

「ありがとう。私はあなたのおかげで幸せになることができました。本当に感謝をしています。だから心置きなく天国に行って下さいねと言葉をかけること。」

何度も何度も手紙を読みましたが、笑いがこみ上げてきました。面白いお母さん

だなと元気が出てきました。今は外に出掛けるのはまだ怖くてできないし、する事もないし、せっかくだから、お母さんの助言通りにしようと思い、あんなに捨てるのが嫌だった服を捨てることに決めました。

でも、いざ服を目の前にすると、愛着がこみ上げてきて、「やっぱり明日にしよう・・・」と思い、なかなか行動には移せませんでした。ただその夜に何かが上に乗っかって動けないという夢を見て、息が出来なくなりました。その時に今でも不思議なのですが、「捨てろ！捨てろ！捨てろ」という声がどこからともなく聞こえてきたのです。

「分かりました。捨てますから勘弁して下さい〜」と伝えると、スーと重荷になったものが消えていきました。次の日の朝、私はやっと捨てる決意を固めました。でも多くある服をイチイチ、これはいる。いらない・１年着た・着ていないと分けるにはそれだけで多くの時間を取るからやめようと決めました。

直感で「絶対に捨てたくない！」と思ったもの以外は全て捨てること、基本は全て捨てるというルールを作りました。私はもう一度、いや二度死んだようなものだし、服がなくなっても生きていけるならそれでいいという悟りの精神を開きました。

そしてとにかくその日から捨てる格闘が始まりました。

来る日も来る日も捨て続けて、ごみ袋は何袋出してもキリがありませんでした。気の遠くなる作業でしたが、本当にお母さんの言う通り、これで運気が上がって、怖い事が起こらなくなるのならばそれでいいと思い、とにかく毎日黙々と捨て続けました。

**どんどん捨てていきましたが、お母さんから言われた「ありがとう。私はあなたのおかげで幸せになることができました。本当に感謝をしています。だから心置きなく天国に行って下さいね。」という言葉は必ずかけて捨てるようにしました。**でもその言葉があったからこそ、捨てることは良いことなのだと思い迷いなく捨てることができました。服にしてもたくさん活躍をしてくれました。誰かが売ってくれたおかげで毎日のファッションを十分楽しむことが出来たことにとても感謝の気持ちが湧いてきました。

そしてやっと全てを捨て去ることが出来て、部屋はとてもスッキリして洋服ダンスも空っぽになりました。ガランとなった部屋を見渡しながら「これでもう大丈夫。悪いものはいなくなった」とホッとしました。すると、さっそくもう次の日に奇跡が起こりました。

あんなに怖くて家から出られなくなったのに、なぜか全部捨てたことで気持ちがとてもスッキリとして、家から出てみようという前向きな気持ちになったのです。そして私は勇気を出して一歩踏み出しました。

玄関を開けると、眩い光に溢れていました。１ヶ月後に初めて出た先は近所のコンビニでした。でもそれでも私はもう二度と家から外には出られないかもしれないと思っていたから、外に出ることができてとても嬉しかったのです。

そして実際、**友達のお母さんの予言通り、良いことばかりが起きるようになりました。**

★ずっと憧れの作家、林真理子さんとあるパーティーで会えて握手をしてもらえる。
★笑っていいともの観覧に当選する
（友達6人100枚送って当選者ナシ、私は1枚だけ送って最前列当選）
★パリコレデザイナーと知り合えて、幸運なことに東京のカフェでお茶をする
★夜回り先生と会える・その後メール相談にものってもらえた。
★奈良のお寺の大仏を見ていたら、隣にプライベートで来ていた堂本剛くんと会える

**ここに書いたことはなんと1ケ月以内に起きた出来事です。**

ストーカー殺人に遭遇しそうになったあの恐怖のどん底から一変して、断捨離をしてからなんと1ケ月でここまで開運が訪れたのです。私は東京在住ではなく、地方在住だったのに、次々と地方在住では有り得ないような幸運が舞い込んできました。

お母さんの教えにとても感謝をしました。そしてこの時から私は断捨離名人へと

変貌を遂げました。

この強烈な経験のおかげで、「ラッキーガール」のあだ名がつき、私はその後友達や知り合いの人の家を断捨離のお手伝いをしていくようになるのです。本当に人生はどうなるかは分からないものですね。

捨てられない女から断捨離名人になるとは、まさかの展開でした。

## 開運ハウス～引き寄せレッスンポイント

★もし不運が続くならば、家の捨てられないものが邪気をだして運気を下げているかもしれないということ。その場合、開運の7か条の教えを守り、断捨離を開始すること。

★断捨離をする時は「ありがとう。私はあなたのおかげで幸せになることができました。本当に感謝をしています。だから心置きなく天国に行って下さいね。」と言葉をかけること。

## 14・朝の時間を最高の開運時間とすること

私は素敵な家に引っ越してきてから、今までのダメだった習慣は全て変えることにしました。その一つが朝の習慣です。私の以前の朝の習慣は、ダラダラとしたものでした。朝起きたら、携帯でネットニュースを見て、そしてコンフレークなどの簡単なものを作って、朝のニュースを見ながら食べていました。そう、恥ずかしいぐらい悪い習慣の朝を迎えていました。

朝は１日の始まりであり、朝の過ごし方をどうするかだけで、その日の１日のリズムは変わっていきます。朝がダラダラした朝だったら、その気の流れは夜まで引きずり、ダラダラとした１日で終わります。そして怖いのがそれがまた１日、１日と続いていく内にやがて１ヶ月、２ヶ月とたち、気が付くと１年が経過して「パッとしない１年」となってしまいがちです。

小さな習慣もそれが積もりに積もると、1年間の運気も決定づけてしまうのですよね。ついつい、運気を上げるといったら、神社に頻繁に行くとか、パワースポットに行くとか、外側ばかりに目を向けがちになりますが、大事なのは内側です。内側とはつまり、家での暮らしです。外側の世界はあくまでも補助なので、運気はいつも内側から創り出していかないといけません。

私もやっと家と向き合うことで、自分の悪い習慣に気が付き断ち切ることが出来ました。朝の習慣を変えたら、1日のリズムがとても良くなりました。だからこそ運気は朝から作っていきましょう。

●運気が上がらない朝の習慣(以前)

・朝起きる時間はバラバラ。
・朝起きて、すぐに携帯電話を見てネットニュースをチェックする(15分間)。
・朝の洗顔を水で一瞬で終わらせる。

・スキンケアはバシャバシャと顔につけて1分間で終わらせる。
・朝ごはんは簡単なコンフレーク・カフェラテ。
・ご飯を食べる時もいただきます・ごちそうさまを言わない。
・朝ごはんを食べながらニュースをぼんやりと見る。
・ソファでダラっと過ごしてやっと出発する。

●運気が上がった朝の習慣（現在）
・朝は必ず同じ時間に起きる（朝7時起床）。
・朝起きたら同時に体温を測り、体調管理アプリに記録をする。
・朝起きたらカーテンを開けて太陽の光を5分間浴びる。
・ピアノクラッシックの音楽を流す（お気に入りはパッヘルベル　カノン♪）
・宮古島の塩を入れた白湯を飲む。
・パワースポットで朝ごはんを味わいながら食べる。
・朝ごはんは必ず「いただきます」と声を出して手を合わせてからから食べる。食べ終わったあとは「ごちそうさま」と心を込めて言う。

・朝ごはんはフルーツ・お味噌汁・ミネラルウォーター。
・エプソムソルトをいれたお風呂に入る。
・お風呂でしっかり洗顔を行う。
・体重を毎日朝にはかり、記録をする。
・スキンケアは鏡を見ながら「いつもありがとう」と肌に声をかけながらゆっくり染みこませる。
・朝パックをしながら軽いストレッチ&トランポリン１００回飛ぶ。
・トイレ掃除・洗面台などの水回りの掃除を簡単に済ます。
・家の植物に神社から取った新鮮なお水を心を込めてあげる。

こうやって改めて書くと、別人かぐらいに変えていますね。

やると決めたことはとことんやる性格なので、朝の習慣も劇的に変えてみました。するとびっくりするぐらい１日のリズムや流れが変わりました。朝のダメ習慣を変えるのは本当におススメですよ。これはきっと体感してもらえたら、よく分かると思いますので、まずは今の自分の朝の習慣を書き出してみて下さい。そしてダメな習慣を見つけたら断ち切るようにしてみて下さいね。

私は**朝に自然のエネルギーを取り入れるようにしたのが一番良かった**と感じています。

太陽の光・神社から湧き出るお水・ミネラルたっぷりのフルーツ・農家さんのお野菜、自然のエネルギーを朝から取り入れる、身体がとても喜んでいるのがよく分かります。そして自然と感謝の気持ちが湧き上がってくるのです。感謝しないと、ありがとうって言わなくちゃではなくて、ごく自然に「いただきます・ごちそうさま」の言葉が溢れてきます。朝から自然のエネルギーを取り入れることは、とってもおススメの朝習慣です。

そしてその自然のエネルギーをたくさん取り入れたあとから仕事を開始するようにしました。朝の時間にする仕事は得意なことよりも、苦手な仕事を先にすることをお勧めします。朝の時間は一番身体が元気な時間でもあります。だからその一番良い状態の時に、一番やりたくない仕事をすると、不思議なぐらいスイスイ捗ることができました。

以前は、やりたくない仕事はいつも後回しにして、やりたい仕事からこなしていました。でも頭の中にはずっと「あの仕事片付けないといけない・・・」というのが過り、憂鬱な気持ちにもなっていました。

そして身体も一日の終わりに向けて、休むように少しずつエネルギーは落ちていくので、気持ちが滅入る仕事×１日の疲れが重なってくると、１０倍以上の威力を発揮して「やりたくない・辛い」という気持ちが湧き上がってきます。

だからこそ、私は**朝、気持ちよく過ごした後は、気持ちがのらない事ほど、サッと朝から取り組むように心がけました。**すると、その仕事も朝にサクサクと終わるので、残りは楽しい仕事が待っているだけなので、昼からも前向きな状態で取り組むことができました。

朝は開運時間であり、魔法の不思議なエネルギーが働いている時間でもあります。だからその朝のパワーを利用して、 取り組みたくない事ほど朝に取り組むようにしてみて下さいね。

## 開運ハウス～引き寄せレッスンポイント

★朝の時間を開運時間に変えるには、 まず今の朝習慣をノートに書き出してみること。

★自分が取り入れたいな・いいなと思った人の朝習慣は積極的に取りいれてみること。

★朝の時間は開運時間。 苦手なことも魔法が働いて苦手なことにも後押しがあること。

★嫌なことほど朝に済ますことにより、 その日一日のパワーが前向きに保たれること。

# 15・夜の時間はドラマティックな時間を演出すること

朝の時間を開運時間にするために、実は大事なのが夜の時間です。ついつい朝の習慣だけ変えたらいいじゃん♪と思いがちになりますが、朝だけを良い習慣に変えても効果がありません。

もし夜に遅くまでダラダラ携帯を触っていたり、お酒を飲んだり、友達と愚痴文句の電話タイムなどをしていたら、その流れをまた朝に引きずることになります。

朝は始まりの時間、夜は終わりの時間。だからこそ最初と最後の習慣を整えると、良いリズムを１日、１日とずっと継続して繰り返していくことができます。

私も以前はやはりＮＧな夜の習慣をしていました。

だからこそ、その流れを次の日に引きづっていたのですよね。夜の時間も朝の時間と同じように、変えていきました。

**●運気が上がらない夜の習慣（以前）**

・晩御飯はスーパーで買ったお惣菜・その日の気分食べたいものなど適当な食事。
・ご飯を食べながらその時間帯にあるＴＶをつけて見る。
・お風呂で本を２時間ぐらい読み続けて毎回お風呂上りにのぼせて休む。
・友達の付き合いで気乗りしない夜カフェ会にも参加する。（愚痴文句の内容）
・パジャマは適当に購入をして着る。
・本当はお酒を飲みたくないが付き合いでお酒を飲む。
・夜でも飲みたくなれば、紅茶や珈琲などのカフェインを摂取する。
・ベッドに行ってもダラダラと電話したり、ネットサーフィンをしたりして過ごす。
・ギラギラタイム（男性性が活発になる時間）を楽しんでいた。

**●運気が上がった夜の習慣（現在）**

・晩御飯は栄養や材料を考えながら丁寧に作った食事。

・ご飯を食べる時の環境にこだわる。ドラマティックな演出をする。
・夜は暖色の灯りでキャンドルの中で夜の時間を楽しむ。
・夜寝る時はお香・アロマを焚いてゆっくり呼吸を整えて、瞑想をする（15分間）
・クラシックな音楽・お気に入りのヒーリング音楽を流す。
・夜にキャンドルの灯りの中でゆっくりとピアノを弾く。
・心が乗らない・行きたくない会には参加をしない。
・付き合いだからといって飲みたくないお酒を勧められても飲まない。
・夜はネガティブな事は考えない・聞かない・見ないを徹底する。
・ハーブティーを飲みながら読書をゆっくり楽しみ、ノートに良い言葉を書く。
・お風呂はお気に入りの入浴剤を入れてゆっくり湯舟につかる。
・お風呂上りは身体のリンパをゆっくり流す。
・パジャマは素材が良いものを吟味してお気に入りのパジャマを毎日着る。
・週3～4回は就寝前によもぎ蒸しを楽しむ。
・特に夜は携帯電話の見る時間は控える。ＴＶは見ない。
・毎週金曜日は映画ＤＡＹにしてお家で映画を楽しむ。

・就寝前にノートで内観をして思考を修正する。
・カーテンを開けて星空を堪能しながら、感謝の気持ちを空に伝える。
・ギラギラタイムを手放し、女性性が開花する時間を取り入れた。

**夜の習慣も劇的に改善しました。すると、1日の中で夜の時間が一番楽しみな時間に変わりました。**「今日もあの心地が良い夜が待っているのだ」と思うと、朝も昼もドキドキするようになりました。夜が楽しみになるだけで人生ってこんなにも幸福度が増すことに驚きました。

以前の私は夜といえば、家にはほぼおらず夜の時間はただ寝る時間だけになっていました。夜が楽しみだなんて思ったことは一度もありませんでした。いつも「外側」に何かを求めていたなと思います。でもやっぱり外側に幸せを求めても、幸福度は得られないことがよく分かりました。

幸福度は内側からつくっていくものなのです。夜の時間をドラマティックに演出すると、非日常体験も家で体感することができるようになりますよ。そのためにおススメなのがキャンドルです。私もキャンドルを買い揃えて楽しむようになってから、不思議なぐらい心が満たされるようになりました。ただキャンドルもプチプラで適当に購入したものでは、心を豊かにしてくれないと思うので要注意です。キャンドルも一つ一つ、お気に入りのものだけを全国・海外から集めました。だからこそその一つ一つのキャンドルが良いエネルギーを発してくれているからこそ、こんなにも夜が楽しみな時間に変わったのだと思います。

お香にしても京都旅行に行った時に、お香屋さん巡りをして選んだものだったり、横浜に行った時にイギリス専門店でイギリスのお香を選んだりしました。今家にあるものは、全て一つ一つそうやって自分自身の足で探したり、調べたりして購入したものばかりです。旅をした時に、その各地でお気に入りのものを一つ一つ揃えていくことも心を豊かにしてくれる体験となるのでおススメです。適当に買うのを辞めて、一つ一つお気に入りのものだけにしていくことが開運ハウスへと繋がっていきますよ。

あと、女性には特に注意をして欲しいことが夜にギラギラタイムを取り入れることはＮＧだということです。さきほど、「ギラギラタイム（男性性が活発になる時間）を楽しんでいた。」と書きました。ギラギラタイムというのは私が命名しました。（笑）詳しく説明していきますね。

●ギラギラタイム（男性性が活発になる時間）
・ビジネスについて考える
・起業について戦略を練る
・お金の引き寄せ・お金について考える
・ビジネス書を読んで勉強をする
・怖い系・ビジネス系の映画を観る

以前の私は夜の時間は勉強もかねて、ビジネスの本を選んで読んでいました。映画にしても「人生、いろどり」おばあさんが協力をして葉っぱのビジネスで成功をする話とかを見て勇気をもらっていました。

でもビジネスの事を考えると、男性性が活発となり、どうしても交感神経の方が優位となってしまうんです。だから夜になっても、心が落ち着かず、「夢を叶えるぞ！頑張るぞ！勉強しなきゃ！」などまるで朝の時間のようになってしまっていました。

そうなると寝つきが悪いので、朝の時間が寝坊したり、不規則なリズムとなったり、良い流れを生まないようになっていたのです。その事にやっと気が付いて、私はこのギラギラタイムを手放しました。夜の時間は「女性性が開花をする心地よい時間」だけというのを選択して、男性性が優位となり、交感神経が活発になるようなことは全てを手放しました。

「よもぎ蒸し・ミネラルお風呂・リンパマッサージ・ハーブティー・キャンドル瞑想」このような習慣を取り入れて、映画にしても心地よく穏やかに見れるものだけを選ぶようにしました。読書の時間も小説や心がほっこりするような本を選び、パジャマもトルコのもので、シルク素材の品質が良いものを着るようにしました。そうやって一つ一つの選択を女性性が開花するものを選んでいくと、夜の時間はどんどん居心地がよくなり、いつも決まった時間に就寝をするようになりました。すると次の日の朝も同じ時間に目が覚めるので、朝から良いリズムを作ることができるようになったのです。

だからこそやっぱり毎日は繋がっているのですよね。朝の習慣だけＯＫでも夜の習慣がＮＧならば、結局、神様は開運に導くことができません。でも朝の時間・夜の時間に意識を向けて、どちらの時間も大切にして、整えていくと、相乗効果で毎日の暮らしがどんどん幸福度が高くなっていきます。

夜の時間を心地よい時間に演出するようにすると、何もない日でもただ「夜が来る」そう思うだけで幸福度は高まりますよ。良い引き寄せは幸福度が高い毎日を送っていた時にやってきます。だからこそ夜の時間を心地よい・女性性が開花する時間にしてみて下さいね。

### 開運ハウス～引き寄せレッスンポイント

★夜の時間は女性性が開花する心地よい時間をドラマティックに演出すること。
★キャンドルの灯り・お香の匂いなどを夜の時間に取り入れてみること。ただモノを選ぶ時の条件は必ず適当に購入したものではなく、心から欲しいと思えるものだけを取り揃えていくこと。
★夜の時間に仕事の事・明日こと・ネガティブな事は取り入れない・見ない・聞かないようにすること。

## 16・心の瞑想・午後3時、神様のアフタヌーンティの習慣

朝と夜ほど、お昼の時間は縛りがありません。どんどん好きなことを活発にしていきましょう。ただ一つお勧めしたい習慣があります。それは３０分間の瞑想アフタヌーンティー習慣です。私は、紅茶またはお茶がとても好きです。小さい頃から

家に海外の名器、陶芸作家さんの器がズラリと揃っていて、家でお気に入りのカップにお茶を淹れて飲む時間は至福なひとときでもありました。

中学校からお気に入りの紅茶専門店が出来て、そこのオーナーと仲良くなり、紅茶の淹れ方を教わっていました。またケーキ作りやお菓子作りも趣味でもあったので、お茶を淹れて自分で作ったスイーツを食べる時間は格別に幸せなひとときでした。

そして世界中を旅するようになって感じたことがあります。それは「お茶の文化」は世界中でとても愛されているということです。特に台湾・香港に行った時はお茶が日常生活と密接に関わっていて、ビックリしました。台湾と香港に行って新しいお茶文化を知ったことで、私はますますお茶の時間に魅了されていくようになりました。

お茶には魔法の力があると思っています。世界中の人から愛されて、ここまで世界中にお茶文化が広まり、その国独自の文化もあるのは、お茶が人生を幸せに導いてくれるものだからだと思っています。もし悪い文化だとしたら、ここまで世界中の人には愛されません。私は中学校の頃から習っている紅茶専門店のオーナーにお茶の歴史について聞いたことがあります。お茶の始まりは紀元前の時代からだと言われています。中国の伝説には、紀元前、濃耕の神様である炎帝神農がお湯を飲もうとしたところ、偶然風に運ばれた茶葉がお湯の中に舞い落ち、そこでお茶という飲み物が誕生したという話を聞きました。

その話を聞いた時とてもワクワクしました。自然の神様が導いてくれた奇跡的な始まりのお話。そして神様が最初に始めたのなら、それってとても縁起が良い行いだと思ったのです。だからこそその後、世界中にどんどん広がっていった。

紀元前からある神様が始めた習慣。ね?そう聞くとお茶を飲むと運気がとっても上がりそうですよね。

私は学生時代、ずっとカフェでアルバイトをしていました。でもカフェに来るお客様はいつも幸せそうに見えました。たったの一杯のお茶を心から堪能していて、その時間を愛している感じが伝わってきました。

私も人生でもしお茶時間がなかったらこんなに幸福だったのだろうか？まで考えたりもしています。冬の寒い日に、カフェに入って飲む一杯のお茶は冷え切った心と身体を暖めてくれます。春に桜を見ながら飲むお茶、夏の暑い日に海を見ながら飲むお茶、秋の紅葉を堪能しながら飲むお茶、いつも人生のいたる場面で1杯のお茶は私の心にそっと寄り添ってくれました。

でも今までは外ばかりでお茶を楽しんでいましたが、家でお茶時間を楽しもうと思いました。そしてすぐに実行に移してみたのです。茶葉は紅茶専門店のオーナーから量り売りで購入をして、雑貨屋さんで可愛い瓶を見つけては、ラベルシールをつけて葉っぱを分類していきました。

そして紅茶のポットは見た瞬間ときめきが止まらなくなったポットを購入して、

器は自分でデザインして作ったりしました。準備は万端です。茶葉・器・ポット全てにこだわり、お家カフェ時間を楽しむことができるようになりました。

仕事で一息つきたい１５時になると、その日飲みたい気分に合わせてお茶を作り始めました。そして３０分間、ただ何もせずお茶を飲む時間を取り入れてみました。するとその時間は不思議と呼吸も深くなり、心がどんどん研ぎ澄まされていくひときでした。

携帯を触ったり、仕事の事を考えたり、テレビを見たり、本を読んだりもしない、ただお茶を飲む時間です。この時間は瞑想と同じ効果があるなと思いました。３０分間、お茶を堪能するだけで心をとても落ち着かせて、整える効果があるからです。

私はこうやって初めて家でゆっくりとお茶の時間を堪能するようになってから、歴史の武将たちの気持ちが分かるようになってきました。戦国時代、織田信長、豊臣秀吉、明智光秀と多くの武将が「茶の湯」を愛していました。なぜ武将がここまで茶の湯を愛したのか？きっと様々な理由があると思いますが、「心を落ち着かせる・心を静める・心を安らかにする」といった要素も大きかったと思います。
「死」と隣り合わせの毎日で、お茶を静かに楽しむ時間は「生きること」を感じさせてくれる時間であったのではないかと思います。

私は、現代も戦国時代の似た雰囲気を感じます。コロナウイルスの脅威・企業会社の倒産・少子化の加速・精神病自殺の増加・無差別な殺人など、外側の世界を見れば問題は過酷で、生きづらい世界だと感じている人が多いと思います。

そして多くのモノや情報が溢れているので、自分のことを見失いがちになります。だからこそ、家でゆっくり３０分かけてお茶に集中をして飲む時間は、あなたを「イマココ」の世界にきっと戻してくれると思います。不安はいつも未来からやってきます。今起きていない問題を悩んでいても、それは意味がありません。

いつも大事なのは「今この瞬間」です。３０分のお茶時間はきっとあなたを今この瞬間に戻してくれると思います。私も家でお茶時間を楽しみようになってから、いつも今この瞬間を感じられるようになりました。過去にも未来にも答えはありません。あるのは今この瞬間だけ。だから今を毎日楽しんでいきましょう。

家でのお茶時間はあなたの人生を幸せにきっと導いてくれると思います。

### 開運ハウス〜引き寄せレッスンポイント

★30分間のお茶時間を実践してみる。その時のポイントは、ながら行為（テレビ・本・携帯を見ながら）は辞めてお茶だけを味わい、今この瞬間の幸せをただ楽しむこと。

★お茶時間は、全てにこだわること。器×お茶の種類×環境×音楽×香りの観点で、一つ一つを選び、妥協をしないこと。

# 17・家と人におもてなしをして運を貯める

「風が通る家が幸運の鍵だからね。よく覚えていなさい。」

小さい頃に祖母からこんな言葉をかけられました。祖母はいつも家の中の窓を開けて、風が通る家にしていました。家の中に風が入ると、気分がスーと不思議なほどよくなりました。家の中に風が通ると何でこんなに気持ちが良いのだろう？子どもの頃に感じていた不思議な感覚です。

そして大人になってから、香港に旅行に行きました。香港は1度行った時に心を奪われてそれからも3回ほど行った大好きな国です。香港を歩いていると、気になることがありました。それは建物の真ん中がすっぽり空いているということでした。だから建物が奇妙な構造をしていて、何で中心だけぽっかりと空いているのか不思議でした。

すると、たまたま隣にいた香港の方が教えてくれました。「龍の通り道なんだよ。

龍脈にあたる場所に建物を建てる際、氣の流れを通すためにわざと穴をあけているのさ。そうすれば運気はどんどん良くなるからね。」

「龍の通り道」そのフレーズは頭に残りました。確かに香港はいつも心地の良い風が吹いていて歩くたびに気持ちがよくなる街でした。私が好きな大分県の由布院と長野県の安曇野もいつも歩くと、風が吹いていて、心を晴れやかな気持ちにしてくれました。由布院も安曇野も龍が作った街です。

龍は風を好むのかもしれない。そのためには家にも龍の通り道を作っておけば、龍も自由に遊びに来られるし、家に幸運の風が吹き、運気が上がるかもしれないと思いました。だから家は風通しの良い家にしようと思い、天気の良い日は必ず家の窓を全て開けて、おまじないを唱えました。

「龍さん、どうぞお入り下さい。」ペコリと紳士のように頭を下げました。これを私は運気の上がる習慣として晴れた日は風を通しています。そして、窓を開ける以外にもう一つ、家に風を通す方法を思いつきました。それは友人を招待することです。友人を招待すると、家に「新しい風」が吹くことを感じていました。

だから友人が家に来ている時と家を帰る時は空気が違う感覚があります。家もずっと同じ人間ならば、エネルギーが滞るのではないかなと思いました。でも、友人がまた違う新しいエネルギーを運んでくれたなら、家に新たな風が吹き、新陳代謝のような状態になる、そんな感覚がしてきました。

オーストラリアでホームステイをした家もいつも隣人が家に来てパーティーをしていました。家の中には常に窓を開けて、新鮮な風を入れていたし、友人がくるとまた家も変わってみえました。でも、それとは逆に今まで学生の時にお掃除をしてきた家で、人を呼ばない家は陰気な暗い雰囲気が漂っているところが多くありました。

家に風を入れるためには、窓を開けることと、友人を呼び、新しい風を入れることが幸運の鍵かもしれないと思い、実践していきました。でもここで注意なのが邪気の存在です。邪気をもつ人を家に入れると、逆効果で運気は下がってしまうので、家に呼ぶのはあなたが心から信頼できる人だけにしていきましょう。

だからこそ**私も家に招く人は、ポジティブで人生を楽しんでいる人だけにしてきました**。せっかく家に呼んで、愚痴文句ばかりを聞かされては、あなたも家も疲れ果ててしまいます。家に呼ぶ人はあなたにも家にも新しい風を吹かせてくれる人だけにしましょう。

人をおもてなしすることはとても楽しい時間です。なぜなら人の喜ぶ顔だけを考えている時間だからです。私のおもてなしの仕方は陶芸作家ならではのおもてなしの仕方かもしれません。まずは招待する友人の顔を思い浮かべて、その人にピッタリとくる器を選びます。

器を選んだら、次にその器にピッタリとくるデザートやご飯を考えます。そして次にその器やデザートに合うお花や植物を考えて、次にその空間に合うお香を考えます。つまり、器から選び、逆算をして空間を作っていきます。前日に準備をしたら、当日は少し早起きをして、トイレの掃除をして、玄関にも掃除機をかけてピカピカにします。

お客さんが来る1時間前からお香を焚き始めて準備完了です。お客さんが家に来たら、まず香りと植物の匂いでとても喜んでくれます。そして会話が盛り上がったところで、デザートと飲み物を。気分はホテルマンのコンシェルジュのような感覚です。今までこんな感じでおもてなしを実践してきましたが、１００%の満足度でした。人を幸せにすると、とても嬉しく気持ちが良くなります。そして家も喜んでいる感じがいつも伝わってきます。

でもそれもそのはずですよね。家の存在価値は人を守ること・幸せに導くことだから、お客様がやってきて喜んでもらえると、家もますます嬉しくなってエネルギーが高くなると思うんです。この感覚は体験してもらえたら分かると思います。ぜひあなたの大好きな人を呼んで、呼ぶ前と呼んだ後の家の状態を観察してみて下さいね。

また、**人を喜ばすことは「徳積み」だと思っています**。私の大好きな作品で黒木華さんが主演の「重版出版」という作品があります。そのお話の中で徳積みを積んで、中卒から出版社の社長になった回もあります。これは神回なのでぜひ見て欲しいところです。

〜貧しい家庭から出版社の社長までなったストーリー〜

社長は炭鉱のある町で母一人子一人でした。そこはとても貧しい町で、炭鉱夫だった父は肺を患って他界しました。物心ついた時には母と二人暮らし。

中学校の先生が家庭訪問で来た時に先生が『勝君はクラスで一番成績が良いんです。将来を考えればせめて高校だけでも出させてあげるのが親の務めじゃないですか？』と言いました。するとお母さんは、『中学出れば十分です。私に体を売れっていうとですか？貧乏人には貧乏人の生き方があるんです。』と言って先生を追い返しました。

中学の卒業証書を持って家に帰ると母親は蒸発しており、もう家には誰もいませんでした。だから仕方がなく、中学を卒業をして炭鉱で働きましたが、生活は荒れていました。恐喝をしてその金でギャンブルという人として道を踏み外した生活をしていました。

とある日にギャンブルで負けた帰りに川沿いで釣りをするおじさんを見つけ、鎌をクビ元に突きつけ、脅しました。するとおじさんは驚きもせずこう答えたのです。

「おいを殺したらわいの運は尽きるぞ
ええこと教えちゃる
運ばためられるぞ
世の中はな足して引いてゼロになるごとできとう

生まれたときに持っているもんに差があっても
札は同じ数だけ配られよる
ええことしたら運はたまる
悪いことしたらすぐに運は減りよる

人殺しげな一巻の終わりたい
運ば見方にすりゃ
何十倍も幸せはふくれ上がりよる
問題はどこで勝ちたいかや
自分がどがんなりたかか自分の頭で考えろ
考えて考えて吐くほど考えて見極めろ
運ば使いこなせ」

その言葉に感銘を受けた青年は、街に出て工場に行き、真面目に働くようになります。そして工場の友人から手渡された宮沢賢治の「雨にも負けず」の本に出会い、感銘を受けて読書に没頭するようになります。そして、社長は貧しいながらも大検を獲り、大学に行き、それから十年後、出版社に入社し、作家と話していました。

『君が若い頃出会ったっていうその老人、それはきっと聖なる予言者ですよ。運命の神は人が間違った方向に行かないように人間のフリをして辻辻に立っているんです。聞くも聞かぬも人の選択。』

社長はそれから運を貯めるように生活をするようになりました。小さなことでも良い行いをし続ける、それをずっと繰り返していました。すると、1年が経つ頃、無名作家の本を買い付けたところモンスター級の大ヒット、重版に次ぐ重版出来。そしてそのことが評価されて社長になったのです。

もし運が貯められるなら私は仕事で勝ちたい。全ての運をヒットにつぎ込みたい。その為に運を貯め続けるのです。そう真っすぐな目をして言っていた社長の言葉はとても心に残りました。私もこの重版出版を見てからは運を貯めるような行いを始めていきました。その行いを徳積みと自分の中では呼んでいます。

おもてなしで人も家も喜ばせることも、徳を積んでいく。そして家の外でも徳積みは行っています。道案内をしたり、カップルや家族の写真を撮ったり、道に捨ててあるゴミを捨てたり、そんな小さな小さな徳積みを貯めていくことが、私にとっても幸せの時間となりました。

すると見て下さい！本を出版するという夢も叶いました。重版出版のように多くの人に読んでもらえる本になればまた嬉しいです。これも私がきっと徳積みをしてきたからだと思います。どんなに小さな行いでもそれが貯まっていくと、大きな大きな運命を動かす素敵な出来事として引き寄せられてくるのです。

**家は運気固めの土台の場所でもあります。だってあなたの人生の大部分は家で過ごしているから。**そして家はいつも雨に晒されても風にさらされても私達を守ってくれています。それを当たり前と思わずにいつも守ってくれている家に対して、恩返しをしていくこと、家を喜ばせることをしていくと、あなたにもどんどん運が貯まっていくと思います。

また、おもてなしは日本の素敵な文化でもあります。海外の色々な国に行っても、日本のような素晴らしいおもてなしがある国をまだ見たことがありません。

日本のおもてなしがここまで素晴らしいのは、日本人の心がとても美しいからだと思います。おもてなしは心からくるものだからです。あの人はアレルギーがあるからこうしよう・あの人は寒がりだからこうしよう・あの人はこの食べ物を食べたらとても喜ぶからこうしよう

そう全ては心配りからきています。だから私はおもてなしがとても好きです。自分の心が磨かれる・整う時間でもあるからです。そうやって人を喜ばす行いをしていけば、必ず自分に返ってきます。あなたもぜひ運気があがるおもてなしをして、徳を積んでいって下さいね。

### 開運ハウス～引き寄せレッスンポイント

★大好きなひとのおもてなしをすることで、あなた自身の心も磨かれていく。人を喜ばせる行いは徳積みであり、どんなに小さな行いでも運が貯まっていくこと。
★家にはいつも新しい風を通すように心がけること。龍神様が家の中に入りやすい心地よい環境にすること。

## 18・家に訪れる神さまの使者のメッセージを受け取ること

私がこの家に引越してきてから、面白いぐらいに様々な動物が遊びに来てくれるようになりました。以前のマンション住まい時は何の動物も遊びに来てはくれませんでしたが、何故だかこの家にはたくさんの動物がフラッと遊びに来てくれるようになったのです。お家はド田舎でも自然がたくさんある環境でもないのに、とても不思議でそれは物語の世界のことのようでした。

ある夜に月が見たくなり、玄関を開けるとのっそりと猫が座っていました。玄関前に何故だか猫が座っていたのです。猫はまるで自分の家のように玄関にゴロゴロと寛いで、私のことをジッと見つめて動こうとはしませんでした。

それからたまに月が見たくなり玄関を開けると、いつも何故だか猫がいました。月が見たいと思うと、何故だか玄関に猫が座っている、これはとても不思議な現象でした。その後、私は神社に行くと境内に猫が座っていることが多くありました。家にいた猫とは別の猫でしたが、何故だか境内に猫が座っているのです。

猫はいつも私を見ると、近づいてきて尻尾を巻き付けてゴロゴロと鳴いていました。でも今まではそんな事はありませんでした。特に猫は子どもの頃にたくさんの猫から足に尻尾を巻きつかれていて、その事が恐怖となり、猫は苦手な存在となり、近づこうともしなかったので、猫がそれを察したのか私に近づくこともありませんでした。

でもこの家に引っ越してきてから、すごく動物が寄ってきてくれるようになったのです。神社に行くと、蝶々と猫はかなりの確率で遭遇しました。蝶々は手や足に止まってきてくれて、神社の神様がまるで歓迎してくれるようでした。

何でここまで蝶々や猫が神社に行くといるのか？また月を見たくなり夜に玄関を開けるとのっそりと座っている猫の正体は何なのかがとても気になってきました。そんな時に常連でもあるお気に入りのイギリスのカフェに行くと、たまにしか現れない大富豪の奥様がいたので、聞いてみました。奥様は博学でこの世界の面白いことをたくさん教えてくれるので、たまにしか会えない奥様と会えた時はまるで宝くじに当たるようにワクワクしました。

最近、月が見たくなると猫が玄関にいることや神社に行くと猫や蝶々がいることを話すと、大富豪の奥様は「あらそれは幸運サインね！」と言って、その意味を教えてくれました。**神社に蝶々が現れるのは神様からの歓迎・良縁に恵まれるサイン・運気が上がるサイン・良いことが起きる暗示なのだそうです**。だから蝶々は神様の声も反映している・そんな時はおみくじを引かなくても大丈夫だと教えてくれました。

自然界のものは神様の使者でもあるから、いつもそれを私達にメッセージとして教えてくれているそうです。

大富豪の奥様もとても面白い体験をしていたことを教えてくれました。**鹿児島県にある霧島神宮には、凄いパワーがあり、もし霧島神宮で真っ白な蛇に会うことができたら、凄い幸運が訪れるそうです。**その真っ白な蛇は歩くと、シャンシャンシャンとどこからともなく音がなるそうで、まるで観音様のような蛇だということです。大富豪の奥様は友人と３人で霧島神宮に行った時に、真っ白な蛇がいて、身体が動けなくなったそうです。とても神々しくて、感動をして。

すると、その後白い蛇を見た３人には幸運が訪れました。奥様は旦那さんの会社が爆発的に伸びて大富豪へ、もう一人の友人はホテルの社員から社長に抜擢される、もう一人の友人は自分が経営している仕事が軌道に乗り年収も１５００万円以上に。まさに夢みたいな話ですよね。でも神様はいつも遣わせてくれてメッセージを送ってくれている、だからそれに気が付くか気が付かないか、神様の想いをくみ取るかくみ取らないかで人生は変わると話してくれました。ただ現代人は忙しくて、今この瞬間や神さまのメッセージを受け取っていない人がとても多いからもったいないということ。

ただ心を開いて目の前の出来事を愛するだけで全てはうまくいくというお話は心の中に残りました。

猫には、エネルギーを癒して浄化する・危険回避・次元上昇・幸運が導かれるのサインがあるということ。猫はとてもスピリチュアルな存在でいつもメッセージを私達に届けてくれている、だから猫からのメッセージは大事にしなさいと教えてくれました。それからというもの神社で会う動物にはとてもワクワクしました。いつもこうやって神様がメッセージを与えてくれていると思うと、感謝の気持ちが湧き上がってきました。

そんな時、私は仕事で遠い場所に車で行くことになり、２００キロ以上の道のりを運転して、その日は宿に宿泊することになりました。そのお宿は外に飼い猫が３匹いる宿でした。私が宿に到着すると、お庭でゴロゴロと寛いでいる3匹の猫がいました。「今日一日宜しくね！」と挨拶すると、猫はまた尻尾を足にからみつけてきて、ゴロゴロといってお腹をひっくり返しました。

猫としばし遊んでいると宿の人が来たので、猫にお別れを告げて部屋に入って仕事をしていました。夜２２時になり、少し疲れたので月を見に行こうと思い、部屋の扉を開けると、なんと目の前に猫が座っていました。「？？？」頭が真っ白になりました。この部屋はホテルの部屋の中でも一番奥にある部屋で館内にある部屋です。

なぜか外にいた猫が館内にいて、そして部屋の前に座っていることに驚きました。「どうしたの？」と猫に話しかけてみると、猫はジッとこちらを見つめて、私の部屋にス～と入ってきました。猫はそれから部屋中を散策して、楽しそうに遊び始めました。

しばらくすると遊びに満足して帰っていくだろうと思って、部屋の扉を開けていましたが、猫は全く帰る様子がありません。猫はソファの上に飛び乗って、ゆっくりと身体を舐めて、落ち着き始めました。

「あとの２匹の猫が心配するから寝床に帰ったほうがいいよ。」と話しかけてみましたが、猫はジッと私の方を見るだけで、また身体中を舐めまわしました。

すると、そのままソファの上で寝てしまったのです。どうしよう？このまま寝させておいていいのかな？と思いましたが、その時もう時間は０時過ぎていて私も長距離の移動と仕事疲れで眠くなったので、いつのまにかベッドの上で寝てしまいました。

寝ていた時に夢を見ました。その夢は江戸時代で私は漬物屋さんで漬物を買っているところでした。大きな樽を持参していて、その樽の中に漬物を入れてもらい、運んでいました。あまりにもその樽が重たくて、「重たい、重たい、重たい・・・」と言いながら樽を運んでいる時に、目がパチリと覚めました。

「夢か・・・」と思い、安心すると私のお腹の上にソファの上で寝ていたはずの猫が座っていました。ギョッとしてどちらが夢なのかわけが分からなくなりました。猫はそのままずっと私のお腹の上にいました。「猫って確か警戒心が強いはず？！初対面の私の部屋に来て、ずっと部屋にいてそのまま寝つき、そしてお腹の上に座っているなんて、おかしい！？何がメッセージなのかよく分からない・・・！？」とパニックになっていると、部屋の外からニャ～とした声が聞こえてきました。

真っ白の猫が部屋の前には座っていました。すると、私の部屋にいた猫もニャ～と挨拶をして、２人で帰っていきました。「いないから迎えにきたんだ・・・！」と思い、でも一体この夢なのか夢じゃないのかよく分からない体験は何なのだと頭がぐらぐらしてきました。時計を見ると、夜中の３時でした。

小説のように不思議でおかしい日だと思い、その日はまた眠りにつきました。朝になり、昨日のことは夢だったのかと思いながらも身支度を済ませてチェックアウトをしました。宿の人に猫の話をすると、「そんな不思議なことが？！夢でも見ていたんじゃないですか？」と言われて、やっぱり夢だったのかなと思いホテルを出ました。

ホテルを出ると、昨日部屋に来てくれた猫がまたやってきてくれました。まるで私の事を待っていたように、猫はベンチの上に座っていて、私の事を見つけた瞬間に降りてきました。ニャ～とスリスリしてくれて、猫はどこかにまた行きました。「夢じゃなかったんだ！さよなら。本当にありがとう。」そう声をかけて私はまた旅立ちました。

するとその日帰る途中に、急に大きなダンプカーが目の前に突っ込んできました。私はもうその瞬間に「死んだ・・・」と思いましたが、直前で大きなダンプカーはハンドルを握り直し、曲がりました。対向車も来ていなかったので、ダンプカーも他の車にもぶつかりませんでした。目の前がチカチカしているとダンプカーを運転していた人が降りてきて、「本当にすみません。お怪我はありませんでしたか？」と話してきました。

ダンプカーの方はお母さんが亡くなったとの情報を受けて気が動転していたそうです。私も何もなかったので、大きな事故が起こらずとても救われたと思いました。ドキドキしながらまた車を運転していると、あの昨日の猫は守ってくれていたのではないか？と思いました。私に起きることを予感していて、私のお腹の上に乗っていたのもエネルギーを分け与えていてくれたからかも？！と思うと、猫にとても感謝をしました。

本当にこの世界は不思議なことばかりが起きます。この家に引っ越してきてからは、こうやっていつも不思議な体験ばかりが起きました。そして最近もある昆虫が家を訪ねてきてくれました。２０２０年の９月に九州地方に台風１０号（ハイシェン）が上陸するというニュースが流れました。ハイシェンは過去最強クラスの強い台風で、ニュースではとにかく警戒をと何度も何度も連呼していました。

ホームセンターでも台風関連のものは全て売れきれとなり、コンビニでも水が全くなくなりました。スーパーでもカップラーメンなどの非常食が全て売れ切れとなってしまいました。周りの家もガムテープを窓ガラスに貼ったり、お店の対策も入念にされていました。

ここまで警戒をしている様子を見たことがなかったので、いつもと違う街の様子にソワソワともしていました。そしていよいよ台風が上陸する朝を迎えました。玄関を開けると、そこにはカマキリがついていました。カマキリなんてこの家に引越しをしてから見たことがなかったのでビックリをしました。

「なぜこんな台風が来る風が強い日にカマキリがいるのだろう?!」とビックリしましたが、これも神様からのメッセージかもしれないと思い、インターネットでカマキリについて検索してみました。

すると、こんな事が書かれていたのです。

「カマキリは、意外と高貴な生き物だということをご存知でしたか？非常に神々しい存在で、地球と一体化して生きている生き物なのです。ほぼ自我はなく、地球に生かされて本能的に動かされており、純粋な存在だと言われています。自分のすべてを宇宙エネルギーに任せているため、エゴや自己意識で行動することはありません。

しかし**カマキリは、スピリチュアルでは縁起の良い意味を持っています**。カマキリはギリシア語で“預言者”という意味があり、神様からの使いとしてメッセージを運ぶ存在なのです。古代ギリシアでは、『良い未来をもたらす拝み虫』として大切な存在でもあったのです。カマキリは幸運なエネルギーが強く、もしも何か問題を抱えている場合には、幸運な解決の仕方を期待しても良いでしょう。どんな困難にも打ち勝つ強いパワーを持っていますので、もしもカマキリを見かけたら親しみを持って「かわいい」「カッコイイ」などの感情を持ってください。そうすることで強い幸運なパワーをもらうことができます。

カマキリには「子宝に恵まれる」というメッセージもあります。秋になるとカマキリは一度に二百〜三百匹の卵を産み付け、寒い冬を越えて春には卵が孵化します。非常に多くの子どもを持つことから、「子宝に恵まれる」という意味があるのです。

カマキリは体に対して大きなカマを持っており、自分を守るためには十分な凶器となるでしょう。あの大きなカマにあやかって、カマキリを見かけたら「困難を乗り越えられる」という意味もあるのです。」

この記事を読んで驚きました。カマキリは預言者であり、宇宙からの使者、そしてメッセージは「困難を乗り越えられる！」神様が家を守ってくれるために、こうやってまた派遣してくれたのだと思いました。カマキリのおかげで、過去最強の台風も何事もなく終わりました。すると次の日、カマキリはもういなくなっていました。結局私がカマキリを見たのはあの台風が来る時だけで、それ以外はカマキリを探しても見つけることはできませんでした。

**自然界のものや動物はこうしていつも神さまの使者として私達にメッセージを与えてくれていることが分かりました。**それに気が付くか・気が付かないかは自分次第なのです。でも神様や宇宙に心を開いて、メッセージを受け取ると幸運が切り開かれていきます。私はあの過去最強の大型台風の日に、玄関にいたカマキリを見つけて、その神様からのメッセージ「困難を乗り越えられる」を受け取ると、心がとても穏やかになれました。

神様が守ってくれていると思うと、まるで温かいお風呂に入ったような気持ちになり、心底ホッとしました。「大丈夫、大丈夫。」と思うと、風がビュービュー吹いても、大雨が降っても平常心でいられることができました。もしカマキリを見つけていなかったら、もっと心はザワザワとしていて眠られなかったかもしれません。

日本は美しい豊かな自然に囲まれた神秘的な国です。そして古くからアニミズムが崇拝されている国でもあります。アニミズムとは、森羅万象に精霊が宿り、神様が存在し、山・川・昆虫・自然・動物・植物・家に精霊（神様）が宿っており、守ってくれているという思想です。

だからこうして動物や昆虫がメッセージを運んできてくれることは、不思議なことでもないのです。神様は家にも精霊を宿し、いつも守っていてくれています。だから心を開いて、家にやってくる神さまの使者、つまり精霊のメッセージを受け取ると、どんどん家も幸運に導かれていきます。

神様のメッセージは気が付くのか、気が付かないかだけです。**誰の周りにも平等にいつも神様は愛のメッセージを送ってくれています。あなたも神様からのメッセージを受け取って幸運を切り開いて下さいね。**そう思うと家の周りにいる動物・植物・昆虫と全ての存在に感謝をして、守られていると実感をします。

日本は神様の国です。だからこそあなたはいつも守られている存在なのです。それを当たり前と思わずに小さな精霊に気が付き、愛を受け取ることでますますあなたは幸せになっていけますよ。

### 開運ハウス〜引き寄せレッスンポイント

★家にくる蝶々や昆虫・動物などは神様からの使者。家に訪ねてくる使者のメッセージを受け取ると、ますます幸運が導かれて、切り開かれていく。
★心を開いて目の前の出来事に興味を持ち、愛すること。精霊は自然界・家・動物とありとあらゆる場所に住んでいるということ。

## 19・家に住んでいる全ての人・モノ・動物が開運の鍵

あなたは、あなたの家に住んでいるものを幸せに導いていく隊長でもあります。あなたが隊長であるから、この本を手に取っているのだと思います。相談を受ける時に、いつも自分の事しか考えていない方にも遭遇します。

「自分がこうしたい！自分は家具をこうしたいのに旦那さんが分かってくれない！自分は一生懸命ペットのお世話をしているのに、ペットが粗相ばかりして家が汚れる！自分は一生懸命片付けをしているのに子どもが散らかす！自分は〇〇なのに、周りは〇〇だ！」

そうやって、「自分！自分！自分！」となっている時は注意が必要です。そうなっている時は自分ばかり与えられることを願っているからです。それはクレクレ病星人だと私は呼んでいます。自分ばかりに矢印が向いている時は、他の人の幸せなんかは全く考えていない時です。

誰かに与えているつもりでも、見返りを求めた与え方をしている人が多いです。

自分！自分！自分！となっている時に良い引き寄せは起きません。つまりそれは自分さえ幸せになれれば、他人の幸せなどどうでも良いとなっているからです。その自分の事ばかりを考えて引き起こした悲しい結末なのが戦争でもあります。

自分の国さえ幸せになれればいい、自分の国さえ得出来ればいい、それは「奪う」エネルギーなので、当然引き寄せで起こるのは奪われる現実です。知り合いの方でこんな方がいました。その方は自分のお金にとても執着をしていて、とにかくお金のことばかりを考えて暮らしていました。「お金をもっともっと増やしたい！」その欲望はどんどん膨れ上がり、ついには誰の事も信じることが出来なくなりました。

友人のことも「こいつはお金を奪う人ではないか？」と思い始め、銀行のこともいつ倒産するかも分からないと思い、金庫を買い自分でお金を管理して、とにかく「お金を奪われる」ことを怖がって暮らしていました。

すると、ある日強盗事件が起きて金庫を盗まれてしまったのです。それからその人は廃人のようになり、生きているか死んでいるのかも分からないぐらい精神が崩壊してしまいました。お金が人生の全てであったので、お金がない人生はどうやって生きていけばいいのか分からなくなったからです。私はこの出来事を知って、この世界は「奪う」エネルギーが大きくなると、「奪われる」ように出来ているのだと思いました。

因果応報ということですね。世界に愛や幸せを与えれば与えるほど、豊かさや幸せを引き寄せていく。でも奪おうとすればするほど、奪われる出来事が起きる。面白くて不思議な世界です。でもあなたの周りにも「自分ばかり幸せになりたい！」という人は幸せに全くなれていない人が多くいると思います。

恋愛もパートナーシップもまさにそうで、「自分ばかり幸せになりたい！」という人ほど恋愛が上手くいかないパートナーシップが上手くいかないと思います。それはいつも相手にばかり幸せを求めているからこそ、「奪うエネルギー」を発しているので、相手がどんどん疲労困憊をしてくるからです。男性からの相談でも「彼女が与えても、与えても満足してくれない！」という相談を受けます。

忙しい日に10分だけでも電話をしようと思い電話をすると、「たったの10分だけ？私の事を大事にしてくれない！」誕生日プレゼントを買いにいく時間がなく当日に食事だけは豪華にとすると、「プレゼントもないの？私の事を好きじゃないんでしょ？」ギクッとした方もいると思います。でも**相手の幸せや気持ちは考えずに、自分ばかり与えて欲しいになるとどんな物事も上手くいきません。**

そして必ず「破滅」を迎えてしまうように出来ているのです。この世界でスルスルと幸せになる人は水の流れのような人だとある不思議な仙人から習ったことがあります。水がないと生きていけない世界だからこそ、水のような人になることが出来れば何でも上手くいくということです。

水は循環しています。雨が降り、山の植物に私達に水を与えて、また蒸発をして空に返っていく。幸せも水のように自分だけに留めず循環させていく。お金も自分だけに留めず循環させていく。愛も自分だけに留めず循環させていく。そうすれば全て上手くいくのだよ、勝手にねと仙人は微笑みながら話してくれました。

私もその話を聞いてから、いつも「水」をテーマにして循環を心がけています。それを家に置き換えると、つまりその家で暮らすもの全てが幸せではないと、幸せには導かれないように出来ています。自分ばかりの我を通すのではなく、住んでいる人・モノ・動物の循環を考えることが出来れば、ますます幸せの連鎖に繋がれていくようになりますよ。

## ●モノの幸せとは？

モノの幸せを考えるとしたら、モノは使われて始めて幸せを発揮するということです。だから使わないモノは存在意義を見いだせず、悲しい寂しいエネルギーを出していくので、それだとモノは幸せにはなれません。だからモノの幸せを考えると、とにかく日ごろから愛して使ってあげられるモノだけを家に置いてあげること。使わないモノは感謝の儀式を行いながら断捨離をして家から卒業させてあげること。あなたや家族がとても気に入っているモノだけで家を満たしてあげること。その為には、適当に購入することを辞めること。家がモノでゴチャゴチャ溢れている人は、「片付けが苦手」だと話しますが、本質的な問題は片付けが苦手なのではなくて、自分にとって必要なモノを選べないということがあると思います。

アレもコレもと購入してしまうから、家がどんどんとモノに溢れてゴチャゴチャとしてくる。そしてまた自分にとって何が必要なのか分からないからモノを断捨離できずに苦しんでいる人が多いです。最初からモノを家に連れてこなければ、家がモノでゴチャゴチャとはなりません。

**片付けが苦手な性格だと分かっている人は最初からモノを家にたくさん置かないこと**。これを心がけていくとお金の流れもよくなるし、スッキリと居心地が良い環境で暮らすことができるようになります。モノも使われるものしか家にないからこそ存在意義を十分に発揮してくれます。だからモノの幸せを考えてあげると、「使わないモノは置かない！」これにつきますね。

●パートナー（男性）の幸せとは？

一緒に住んでいるパートナー（男性）の幸せを次は考えていきましょう。
これまで男性心理を勉強して、知り合いの男性にたくさん調査をしてきた結果、とにかく**男性はいつも女性の幸せを願っているということが分かりました。**

心の底から男性はいつも女性の幸せを願ってくれている優しくて愛が深い存在なのです。男性が別れたい・離れたいと願う時は、自分では女性を幸せにすることは出来ないと思った時です。不平不満ばかりを口にしたり、男性の立場も考えずに自分の気持ちを一方的にぶつけたり、愛する女性に責めたてられると、男性は深く傷つきます。男性は女性が考えるよりも繊細でピュアなのです。

そして男性は「気持ちを察してよ！」という言葉を一番苦手としています。男性は左脳優位であり、女性の感覚的とは真逆で、論理的な言葉を求めています。女性は空気を察したり、感覚で物事を捉えるのに対して、男性は言葉や図式などで物事を捉えます。

だから、女性はスピリチュアル「目に見えない世界」も感覚的に捉えられるのに対して、男性は「目に見えない世界」を信じることはなかなかできません。そのような男性の特性を理解しておらず、女性は自分の気持ちをただ一方的にぶつけてしまうと溝を作るようになってしまいます。

だからこそ、**男性の幸せを考えるとしたら、男性にはたくさん言葉で伝えることが大事です**。「いつも一生懸命仕事をしてくれて、ありがとう。」「いつも家族のことを守ってくれてありがとう。」「私はあなたのおかげでいつも幸せだよ。」そうやって女性は思っていることを言葉でしっかりと伝えることが出来れば、男性は心底ホッとして「自分が愛する女性のことをきちんと守ってあげられている。」と思うのです。

だから男性の幸せを考えるとしたら、家の環境についても2人でしっかり話し合う事が大切です。

女性特有の一方的な感覚だけで話し合わずに男性にもしっかりと意見を求めて、2人が求めるベストなお家環境を2人で一緒に作り上げていくこと。でも男性にとって幸せは女性の幸せでもあるので、話し合う時は「私はこんな環境にしたら毎日笑顔で暮らしていける。でも逆にこんな環境ならばストレスがたまる。」などしっかりと自分の気持ちを伝えてみて下さいね。男性は愛する女性の幸せならばきちんと話し合うと、きっと理解してくれると思いますよ。男性は愛する女性の幸せを考えてくれる優しい存在だからこそ、あなたも愛する男性が心地よく暮らせる環境を聞いてあげてみて下さいね。

●子ども・動物の幸せとは？

ペットを飼っている、子どもがいる方はペットと子どもの幸せも考えていきましょう。ペットと子どもを一緒にするなんて?と思うかもしれませんが、ここで敢えて一緒にしているのには理由があります。

それは子どもとペットはどちらとも純度１００％の綺麗な心を持っているということです。

少しの汚れもない、ピュアな心しか持っていない天使のような存在です。だから子どもと動物が私達に求めているものはただ一つです。それは「愛」です。ピュアな心を持つ天使は愛のある環境だと、それはそれは健やかに幸せに過ごすことが出来ます。でも逆に愛がない環境ならば、子供もペットもどんどん疲れ果てていきます。そして純粋さを失ってしまうようになります。

子どもの問題行動もペットの問題行動もそれが起きる時はいつも一つの理由しかないからです。「愛を感じられなくなったから。」愛を感じることが出来なくなると、子どもとペットは問題行動を起こします。

子どもでいえば、好き嫌い偏食ばかり・わがままばかり言う・言うことを聞かない・ひどい言葉を友達や親に言う・友達とケンカばかりをする・学校に行きたがらないなどが見られます。

ペットの問題行動といえば、すぐに吠える・威嚇をする・飼い主の言うことを聞かない・家で粗相をする・餌を食べない・散歩に行きたがらない・モノを壊すなどが見られます。つまり子どもの問題行動とペットの問題行動は同じだということです。

**愛が安定していて「自分がとても愛されている」と感じている子どもとペットの顔はとても穏やかで天使のようなニコニコした笑顔でこちらに微笑みかけてくれます。**

でも愛を感じることができない子どもとペットの顔はどんどんと変貌していきます。純度１００％であるということはとても傷つきやすいということです。パートナーとケンカばかりの仲が悪い家だと、子どももペットもいつも心が不安定になります。心の不安定さが問題行動へと繋がっていきます。だから子どもとペットの前ではケンカはしないこと、ケンカになる前にしっかりとお互いで話し合うことを心がけて下さい。

**子どもとペットの幸せを願うとしたら、とにかくキーワードは愛です。愛情をたっぷり与えて育ててあげること。**大袈裟なぐらいの愛情がちょうどいいのです。毎日「愛しているよ。大切な存在だよ。」と言って、ギューと抱きしめてあげて下さいね。

そして子どももペットも刺激が少ない環境を求めています。モノでゴチャゴチャした環境だと刺激や情報が多くて、ピュアなエネルギーは疲れ果ててしまいます。清潔でシンプルでモノが少なく、居心地が良い環境を作ってあげると、子どももペットも穏やかに暮らしていくことができると思います。

●あなた自身の幸せとは？

そして最後に、もちろんあなた自身の幸せも考えてあげて下さい。パートナー・子ども・ペットの幸せを考えていつも自分の幸せを後回しにする女性はとても多いです。誰かの幸せを一番に考えられるあなたはとても美しい心をもっていて素晴らしいです。ただあなたが幸せでないと結局、パートナーも子どももペットも誰も幸せにはなれないのです。

**だからこそ、あなた自身はどうやったら家で幸せに過ごせるのかを考えて下さい。**女性の存在は太陽なのです。女性が明るく元気に輝くことで、全ての存在を幸せの方向へと照らしてあげることができます。

自分自身の幸せにもっと敏感になり、笑顔溢れる毎日を送って下さいね。

さあ、これで家に住む全員の幸せをしっかりと考えてあげることが出来ましたね。家に住む全員が幸せの連鎖に繋がった時にその家には奇跡のような出来事がたくさん届くようになると思います。

幸せは一人では築くことが出来ません。

家に住む全員が幸せになってこそ、本当の幸運が切り開かれていきます。

だから自分一人だけ！というのは辞めて、隊長として家に住む全員の幸せを考えてあげて下さいね。

### 開運ハウス～引き寄せレッスンポイント

★自分だけが幸せになろうとしないこと。自分だけの幸せは奪うエネルギーとなり、必ず因果応報で奪われる形になること。
★家に住む全員の幸せを一度考えてみること。家に住む全員が幸せになった時に、ますます幸運が訪れること。

## 20・一緒に住んでいる人にただ愛を与えること

私の一緒に家で暮らしている相方はトイプードルの女の子のレイちゃんです。ということはレイちゃんも家にいながら一緒に幸せになれる方法を考えることも大切なことです。レイちゃんとの出逢いはとても不思議な出逢いでした。私は小さい頃からずっと犬が飼いたかったのですが、両親が子どもの頃に犬を飼い亡くなった時にとても辛かった経験があるので、犬を飼うことは禁止されていました。だから犬はずっと飼いたかったけど、諦めていたんです。

小さい頃にもうその気持ちは封印していたので、犬を探そうともしませんでした。そんな私とレイちゃんとの出逢いは私がどん底の時におきました。教師をしていた時に、同じ仲間の親友の教師が自殺をしました。私は親友が突然命を絶った事がどうしても受け入れることはできませんでした。お葬式の時に気が狂うぐらい泣いて、それからの1年はちゃんと働いていたものの、記憶が今でもありません。

一体どうやって働いていたのか、過ごしていたのか、今でも思い出そうとしてもどうしても思い出せません。ただ断片的に覚えていることは、全く笑わなくなり、誰とも会いたくないと思い、携帯も解約したことでした。

もう一生、笑うことはないと思っていて屍のように生きていました。

「あなたが悲しんでいたら親友が悲しむよ。」「あなたが落ち込むことを親友は望んでいないよ。」

「もうあなたが泣いても親友は帰ってこないよ。だから前向きに生きるしかないよ。」

そんな暴力のような言葉を浴びせられて誰も気持ちを分かってはくれないと固く心を閉ざしていました。

それまでの私は社交的でコミュニケーションが好きで、人が大好きでした。でも、「前向きになりなよ！」の言葉をかけられるたびに、人にどんどん疲れていきました。


「孤独は誰とも共感できるわけではないんだ。」

そう悟り、硬く心を閉ざして今までの私とは別人のようになりました。太陽はキラキラ輝いても親友は返ってはこない、みんな笑顔で笑っているけど親友はもう笑うことはない、だから外に出掛けることも、空を見上げることも、星を見ることもとても嫌いになりました。世界は残酷で暗い、もう心をこの世界に一生開くことはないとそんな毎日をただ生きているだけの毎日を淡々と過ごしていました。

夏の暑い日、その日はどこかに出掛けたくなって誰も知らないところに行きたくなって、知らない街に車を停めて、歩いていました。あまりの暑さに目が眩み、「大丈夫ですか？」と声を掛けられました。そこはペットショップと犬カフェをしているお店でちょうど店員さんが外に出ていた時に声を掛けてくれたのです。

「良かったらお茶でも飲んで行って下さい。かわいいワンちゃんもいますから。」と声を掛けられたので、せっかくだから行ってみようと思い、その犬カフェに行きました。席に座った途端に小さい犬が私の事を目掛けて走ってきました。お膝にのせてほしいとワンちゃんが目で訴えてきたので、膝にのせてあげました。すると、ワンちゃんはスウスウと寝始めました。

店員さんがその様子を見て、「あら？レイちゃんがお客様に懐くなんて珍しい！よっぽどお客様の事を気に入ったのね？」と話してきました。「レイちゃん・・・」それが私とレイちゃんの出会いでした。レイちゃんが膝の上で寝ていて、私はレイちゃんを撫でていると、心がとても落ち着きました。思えば親友が亡くなった日から、心が落ち着いた日は初めてかもしれないと思いました。

1時間ぐらいレイちゃんと一緒に過ごした時間はとても幸せの時間でした。その日から私は仕事の休みの日にレイちゃんに会いに行くことだけが唯一の楽しみになりました。レイちゃんは私が来ると必ず走ってきてくれてその姿を見るだけで心が癒されていきました。

気が付くともう1年間そこに通っていました。レイちゃんと過ごす時間の中で私はやっと毎日の暮らしに光を少しずつ見出せていけるようになっていきました。レイちゃんとこのままずっと過ごしたいと思い、店員さんに「レイちゃんを譲ってくれませんか？」とお願いしました。でも答えはＮＯでした。

基本的にワンちゃんは譲っていないし、レイちゃんには足に先天性の病気があると言われました。だから最初はペットショップで売られていたけど、足に病気があるから誰も購入せずに、犬カフェの触れ合いにしているから、譲ることはできませんと断られました。

私はそれでもレイちゃんを諦めることは出来なかったので、長い手紙を書きました。親友が自殺をして生きる希望を見出せなくなっていた事、そんな時にレイちゃんと出逢った事、レイちゃんと過ごした1年間がどれだけ心の支えになったか、人生でこれほど長い手紙を書いたことがないぐらい、自分の気持ちを一生懸命書きました。そして最後には、レイちゃんの足の病気を治す獣医さんを見つけて必ず足を治すからレイちゃんを譲って下さいと書きました。

その手紙を読んでくれたオーナーが「あなたのレイちゃんを想う気持ちに負けました。あなたならきっと幸せにしてくれますね。」と話してくれて、レイちゃんを譲り受けることが出来ました。こうして私は長い時間がかかってやっとレイちゃんと家族になれたのです。

それからは約束通りにレイちゃんの足を治してくれる獣医さんを探す日々が始まりました。名医と聞いて二百キロ遠くの病院に行っては断れて帰るというのを繰り返していました。レイちゃんの足は想像以上に悪く、なかなか引き受けてくれる病院がありませんでした。

生きる希望が見出せなかった私にとって、レイちゃんの足を治すということは唯一の生きる希望でした。だから名医と聞いては車を走らせる日々を続けました。そして探し始めてから2年後、ようやくレイちゃんの足を治してくれる獣医を見つけたのです。先生が「僕なら必ず治せる!もう安心していいよ。」と言ってくれた時、涙が止まらなくなりました。

ただレイちゃんは小型犬で2キロしかない犬だったので、足の手術は負担が大きく、半年ごとにまずは片足といった感じで進めていくことになりました。そしてこれが開運ハウスを引き寄せるの話に繋がっていきます。レイちゃんがゆっくり療養を出来る家を探し始めたことがキッカケでした。

この家もそもそもレイちゃんが探し出してくれた家でした。そして私はこの家でとっても幸せになることが出来たのです。だからこそやっぱり全ては繋がっています。**レイちゃんの幸福をただ願ってしたことが返ってきて、今度はレイちゃんが私を幸せに導いてくれたのです。**

だからこそ私はレイちゃんと過ごせる今この瞬間にとても感謝をしています。レイちゃんを幸せに導くことが私の役目でもあるので、レイちゃんのケアは徹底してやっています。足の獣医の先生がお勧めの専門医の先生を紹介してくれたので、歯のケアは歯の専門医の獣医さんに、目のケアは目の専門医の獣医さんに、レイちゃんは頭にイボができる体質でもあったので、またその専門医の先生に毎月ケアをしてもらっています。獣医といってもそれぞれが専門とする得意分野は違うので、獣医は専門医を分けることをお勧めします。

ステイホームでペットを飼う方も増加していますが、ペットのケアをしない飼い主はとても多いと獣医さんから聞きます。ペットの治療代は保険が効かないので高くはなりますが、それでも自分が譲り受けた命だったら、最後まできちんとケアをしてあげることがお役目でもあります。

そして自分ばっかり幸せになろうとしてペットのお世話もせずに放置している人に、本当の幸せは巡ってくるわけがありません。家で一緒に暮らす人・モノは全て運命共同体です。誰一人が欠けても意味がありません。

レイちゃんは売れ残った犬でもあり、人間不信を持った犬でもありました。だから最初、レイちゃんは私の事を全く信用してなくて、散歩も一歩も歩こうとしない、すぐにマウンティングしてくる、家で粗相をするなどしていましたが、ずっと愛を持って接しているとだんだんとレイちゃんが私を見る目が変わっていきました。

最初出逢った時のレイちゃんは暗い瞳をもったワンちゃんでした。でもその瞳は私も同じでした。お互いが人間不信になった状態で出逢ったのです。でも一緒に過ごすうちに、お互いがお互いを幸せに導いてくれるようになりました。レイちゃんが起こしてくれた幸せの引き寄せ連鎖は数えきれないほどあります。

レイちゃんも自分が心底愛されていることを実感すると、問題行動は全く起こさなくなりました。それどころかこんなに賢くて優しい犬は見たことがない、育て方を教えて欲しいと言われて、色々な方のワンちゃん相談にも私が駆り出されるほどになったのです。

でもワンちゃんを良い子に育てるのは簡単でただ「愛を与えること」それだけでいいんです。愛が足りないから問題行動を起こして自分の不安な気持ちを表しているだけなんですよね。一緒に住んでいるモノ・人に愛を与えると、必ずあなたに愛が跳ね返ってきます。

逆に言えば、一緒に住んでいるモノ・人に愛を与えなくなったら、愛がない出来事が現実に襲い掛かってくるだけです。

引き寄せの法則はシンプルで簡単です。家に住んでいるモノ・人の幸福を願い、愛を与えれば、あなたにも必ず幸福へと導かれていきますよ。

### 開運ハウス～引き寄せレッスンポイント

★自分だけが幸せになろうとしないこと。自分だけの幸せは奪うエネルギーとなり、必ず因果応報で奪われる形になること。

★家に住む全員の幸せを一度考えてみること。家に住む全員が幸せになった時に、ますます幸運が訪れること。

## 21・日本の美しい四季・和風名月と共に暮らすこと

海外に行った時に、日本の素晴らしいところは「四季がとても美しいところだ。」ということを伝えられてきました。私も日本にずっといる時は、四季なんて当たり前だったので、そこが美しい・素晴らしいとは感じていなかったので驚きました。

オーストラリアにホームステイした時に、とても恥ずかしい想いをしました。家族はいつもオーストラリアの良い所を話していました。そして私にいつも日本の素晴らしいところはどこ？と聞いてきましたが、その時の私は海外への憧れが強く、正直日本はあんまり好きではありませんでした。だから日本の文化についても特に知らず、日本の良い所は？と聞かれても答えることが出来ませんでした。

「富士山、温泉、ご飯・・」

そんな事を口して、ホストファミリーからは呆れられていました。顔が真っ赤になり、本当に恥ずかしい想いをしました。だから日本に帰る時に宿題を出されました。「日本の良いと感じたことを送って欲しい！」と。それから私は日本に帰国をして、日本の良い所を見つめるようにしてきました。

私が帰国してから感銘を受けたのは、日本のおもてなしの力です。レストランやお店に行くと、いつも清潔で店員さんはとても愛想がよく挨拶をしてくれて、心地が良い接客をしてくれます。そしてスマイル０円、こんなに素晴らしいおもてなしを受けてもサービス料金は一切かかりません。レストランではお水がなくなれば、新しいお水を入れてくれて、また食後に温かいお茶までサービスしてくれることが多いです。

そんなサービスは海外ではお金が１００％かかります。良いサービスを受けるとチップを払わないといけないし、お水も購入するのが普通です。オーストラリアでお店に入っても見向きもされないことはよくありました。そう日本は素晴らしいおもてなし大国なのです。海外に行ってからは、レストランでお水が出てくるたびに感謝がとまりません。

そういうことも外に出るまでは気が付きませんでした。日本よりもヨーロッパの国の方がはるかに素敵に見えて、日本の国は地味でださいまで思っていました。もしかしたら日本にずっといる方は、日本の素晴らしさに気が付けてないかもしれません。外に出て、外から日本を見つめてみないと本当の良さは中々気が付けないものです。

日本のおもてなしは素晴らしいと感銘を受けましたが、その中でも四季に合わせた創意工夫にとても品があることに気が付きました。春には春らしいおもてなしを、夏には夏らしいおもてなしを、秋には秋らしいおもてなしを、冬には冬らしいおもてなしを、四季に合わせておもてなしを変化させて、心配りをするとても美しい文化なのです。

四季とおもてなしについて勉強し始めた時に、日本は今では1月2月と月を呼びますが、明治までは呼び方が違っていたことを知りました。日本では長く太陰暦が使われていましたが、明治政府は欧米文化に追いつくため、暦のずれを正そうと明治5年に太陽暦を採用され、暦の読み方が変わりました。

旧暦で一月から十二月までの呼び方を「和風名月」と言い、日本の季節と伝統的な暮らしが由来になっています。和風名月の意味を知ることは、ますます古来からの四季と寄り添う日本の素晴らしさを知れる良い機会だとも思えました。

一月　睦月　ムツキ
正月に親戚や知り合いが睦み合い、親交を深めることから

二月　如月　キサラギ
寒い季節であることから、さらに衣を着る「衣更着（きぬさらぎ）」ということから

三月　弥生　ヤヨイ
草木がいよいよ生い茂るということから

四月　卯月　ウヅキ
稲を植える月「植月」から

五月　皐月　サツキ

田んぼに稲「早苗（さなえ）」を植えることから

六月 水無月 ミナヅキ

田んぼに水を入れる時期で、稲のために水を使ってしまうので

七月 文月 フミヅキ

七夕の日に、詩歌をよむことから

八月 葉月 ハヅキ

木の葉が紅葉して落ちる「葉落ち月」から

九 長月 ナガツキ

秋の夜長から

十月 神無月 カンナヅキ

八百万の神様が出雲に集まり各国々には神がいなくなることから

十一月 霜月 シモツキ

霜の降る月から

十二月 師走 シワス

年末で師匠も走り回ることから

こうやって自然を愛し、移り変わる自然を日々味わっているからこそ、このような和風名月の美しい言葉で月の名前を決めていたのだと思います。日本人は縄文時代からずっと自然と調和をして心豊かに暮らしていました。アニミズム、自然こそが神様であるという信仰を持っているから、移り変わる自然を心から愛し、その自然の恩恵に感謝しながら暮らしていたのです。

その感性こそがこの素晴らしい四季に合わせたおもてなしをする美学に繋がっているのだと思いました。

先人達は昔から日本という国でどのように暮らしていけば、心豊かに生きられるかということをずっと伝えてくれていたのです。それにも関わらず私は外ばかり見て、日本の良い所は富士山と温泉、ご飯とか世界で発していたとしたらとても恥ずかしいことでした。

そうして私はやっと宿題の答えが見つかり、日本の素晴らしさは四季の素晴らしさ、そしてその四季に合わせた心配り、おもてなしなのだと伝えることができました。それから、私は日常生活を送るうえで、幸運のヒントは四季に合わせた暮らしを行うことだと気が付きました。

先人たちが自然の中に神様の存在を見つけ、愛して敬ってきたとしたら、私も日常生活に四季の自然を取り入れ、自然の神様の精霊にいつも感謝をしようと思ったのです。そして、毎月の暮らしを楽しむようになりました。

これは大きな変化でした。以前の私は気が付いたら、春！夏！秋！冬！もう１年の終わりかと、毎月の変化も日常生活に自然を取り入れることも全くしていなかったからです。和風名月の暦の通りに自然の豊かさに感謝をして、ささやかな四季の自然を取り入れようと思い、さっそく実践をしてみました。

オーストラリアの家族にその写真を送ると、「日本はとても美しい。素晴らしい！」と感激してくれました。私は日本人であることを誇りに感じるようになりました。

外側の世界に憧れなくても、本当はもう既にこの国に生まれただけでとってもなく幸せだったのです。

マンションの中でも和風名月に合わせて、季節感があるお花などで、家に彩を取り入れてもらうだけで豊かな自然を感じることができると思います。季節に合わせた食事を作ったり、おもてなしをするのもきっとあなたの心を豊かにしてくれると思います。日本という美しい国に生まれてきたことを感謝をして、先人が古くから愛してきた文化や趣を毎日の暮らしの中でもぜひ取り入れてみて下さい。

### 開運ハウス～引き寄せレッスンポイント

★和風名月の暦に合わせて日常の生活の中に、四季の自然を取り入れてみること。
★日本という国は素晴らしい国であること。外ばかりを見ず、日本の良い所を見つけて、先人たちの文化や教えを柔軟に取り入れてみること。

# 第4章 史上最高の開運ハウスを引き寄せる方法

今の家をパワースポット化するために一番必要なのは、今の家に住んでいるあなたがいつも幸せを感じられる心を持っているということです。

その家の良い所をたくさん探してみて下さい。そしてあなた自身の良い所もたくさん探してみて下さい。

そこが**どんな家でも場所でもあなたが「心から幸せだ」と思えたなら、その家はあなたの幸福のエネルギーに呼応して、パワースポットに変身していきます。**

本章ではあなたの住まいをパワースポットに変える方法についてお話ししていきます。

まずは新規で探す方法を書きました。

そしてその家での使命が終わったら、またあなたは次の家に導かれていきます。

実際に面白いことに私は住まいを変えるたびに、運気が切り開かれ、どんどん人生が幸せに豊かになってきていています。

## 開運ハウスの条件「ワクワクとカルカル」

パワースポット化つまり開運ハウスを引き寄せるために一番大切なことは、「ワクワクとカルカル」の気持ちです。

私は、引き寄せの法則をマスターして、今では自由自在に何でも引き寄せられるようになったのですが、キーワードとなったのが「ワクワク・カルカル」でした。気持ちがワクワクして軽くなった時には最高の引き寄せを起こせるのですが、不安定で重たい気持ちになっている時や頭で物事を考え過ぎている時は決して、良い引き寄せを起こすことはできませんでした。できないというよりも嫌な引き寄せばかりを起こしていました。

でも軽い気持ちでワクワクなものは、良いエネルギーになって良いものが引き寄せられる。

ですので、開運ハウスを見つけるためには、その家を実際に見に行った時に、気持ちがワクワクしてカルカルになるのかがとても大事です。以前の私は、「気持ち」

なんていう抽象的なものは無視していました。家を選ぶ時は、「条件」のみでした。**自分の気持ちに鈍感で条件しか見てなかったら、開運ハウスなんて引き寄せられるわけがなかったのです。**

　これまでの家選びの失敗からの反省を活かし、ずっと家にいないといけない状況ならば、私はこの状況を逆手にとり、最高の家を引き寄せようと決めました。最高の家だったら、きっと家にいても苦痛ではなくなる、きっとそうだ！と思い、私は早速最高の家を引き寄せることを始めました。

### 開運ハウス〜引き寄せレッスンポイント

★家を選ぶ時は、ワクワクして気持ちがカルカルになるものを選ぶ。
★ネット情報だけで家を決めないで、必ず現地に足を運び、自分の五感で感じる。

## ワクワク・カルカルになれる理想の家を書き出すこと

この家にずっと居たくないのは分かった・・・なら私はどんな家が理想な家なのかを書いてみることを始めました。じゃあ**どんな家が理想なのか?といざ聞かれたら、書き出すことができない人はとても多いです**。その為に、先ほど「家にいたくない理由」を書いてもらいました。では、あなたがいたい家とはその反対だということです。

ですので、もし理想が描き出せない人は、先ほど書いた家の反対の家を書いてみてください。

～理想の家🏠２４時間いたくなる家～
・マンションではなく一軒家がいい
・緑が見える家が良い
・庭がある家がいい

・大きくて広い４ＬＤＫ以上の家がいい
・おしゃれで居心地が良い家がいい
・駐車場がついていて雨の日でもすぐに車に乗れる家がいい
・ご近所付き合いがそんなにない家がいい
・窓が大きくて、光がたくさん入ってくる家がいい
・キッチンスペースは広くてコンロ２つ以上の家が良い
・アンティークな家がいい・ヨーロッパ建築の家
・家をＤＩＹしてＯＫな自由で豪快な大家さんがいい
・お風呂には窓がついていて、開放感があるお風呂がいい
・騒音がない家がいい・静かな空間・静かな環境
・大きな道路に面していない家がいい・中に入り込んだところ
・何かあったらすぐに不動産・大家さんが対応してくれる家がいい

こうして書き出してみると、私は「一軒家」の方がいいのだということに気が付きました。

実家は一軒家でしたが、高校を卒業して家を出た以来、マンションやアパートに住んでいたので、なぜだか一人で住むならマンションやアパートという意識が働いていました。大学生の時も一人で一軒家に住んでいる人など誰もいませんでした。

**この時、自分の思い込みに気が付くことが出来たのです**。それはすぐに赤ペンでこう書くようにしました。

★一人で住むなら、マンションかアパートの選択肢しかない
★一軒家はダメだと、なぜか思い込んでいる

思い込みというのは呪いに繋がるので、それに気が付いたら外すということがとても大事です。ノートに書く事で自分の思い込みを客観視することができるので、自分でかけた呪いを解くこともできることに気が付きました。

### 開運ハウス〜引き寄せレッスンポイント

★理想の家が描けない場合は、住みたくない家の反対の家を描くこと

★ノートに書き、思い込みが見つかった場合は赤ペンで目立つように書くこと

## 先に内側を高めることが最高の開運につながること

今、あなたの中で理想の家の姿が明確にイメージできるようになってきていると思います。

**どんな物事にも共通することは、内側を先に高めるということ**です。

外側の世界はたくさんのモノや情報で溢れています。だからこそ、人はついつい足りないものを外側の世界から埋めようとばかりしています。外側の世界から取り入れる方が簡単だからです。

例えば、可愛くなりたいと思ったら、食生活を見直して内側から改善するよりも、メイク用品を買ったり、まつ毛エクステをしたり、可愛いお洋服を買ったり、お金さえ払えば、外側の世界から何でも取り入れることができるので、ついつい外側の世界に目が向きやすいのです。

でも、外側ばかりを見て、改善を図ろうとすると、ずっとそれを繰り返してしまい、お金も浪費してしまうのですよね。

私も大学生の時に、その時付き合っていた彼氏から「ダイエットして綺麗になってよ！」と言われても、やっぱり内側から変わろうとするのではなく、お洋服をたくさん買って、何とか自分を胡麻化そうとしていたのです。

でもそうやって、**外側から改善を図ろうとすると、内側はいつまでも満たされないので、どんどんストレスが溜まり、なかなか痩せないの悪循環**でした。自分に自信がなくて、変われない自分が嫌でたまらなくて、とにかく悪循環になっていきました。

そして、そんな時に私はストーカー殺人に遭遇しそうになり、それを期に変わろうと思い、内側から初めて改善を図りました。

**食生活を変えて、運動をして、自分の内面を変えることを始めた時、最高の開運が訪れた**のです。

周りの人から常に褒められるようになり、男性にもモテて、後輩にも慕われて、友達同士の人間関係もよくなりました。そして憧れていた作家の林真理子さんに会えたり、笑っていいともの競争率が激しい会場閲覧に1枚の応募はがきしか出していないのに、最前列に当選しました。さらに好きなアーティストのライブでもなぜか最前列が当選したり、パリコレデザイナーの方と東京でお茶をすることになったりと、信じられないほどの幸運が次々と訪れるようになりました。

私は内側から改善を図ることがどんなに大切なことかを学びました。だから、今回も「家と向き合う」ということを始めた時に、まずは最初に内側から改善を図ろうと思ったのです。

「家と向き合う」というと、すぐにまずは可愛いインテリアを手に入れて、家を整えてとなりそうですが、それは外側の世界であり、可愛いインテリアで家を整えるというのは最終課題なのです。まず最初に向き合うことは、自分自身がどんな家を理想としているのか？なのですね。

ここを始めないと、あなたの家はモノだけがどんどん溢れかえって、ますます過ごしにくい家になっていきます。だからこそ、まずはあなたの内なる声に耳を傾けてくださいね。

## 開運ハウス～引き寄せレッスンポイント

★開運ハウスを引き寄せるために、一番大切なことは自分と向き合うこと。
★開運ルールは、外側↓内側ではなく、内側↓外側の順番。
★自分と向き合う前に、外側の世界からモノを取り入れようとすると、運気はダウンしていく。

## イメージを開花させるトレーニングをすること

良い引き寄せを加速させるために必要なことは、イメージの力です。

とにかく女性は、イメージ力が命！私は、子どもの頃から空想をしたり、イメージをしたりすることが得意でよくしていました。

ケーキが食べたいと思ったら、目を閉じてケーキの映像をイメージして食べた気分になったり、あそこに行きたいと思えば、自分が鳥になったイメージでどこまでも遥かかなた遠くまで飛んで行ったりしてその場所の風景を見ているイメージをワクワクしながらしていました。

朝の連続テレビ小説の花子とアンでも、花子はよく子どもの頃、イメージをして絵を描いたり、空想したりしていましたが、まさにあれこそが女性の引き寄せを加速させるためには必要な力なんです。

花子も貧乏な家庭で生まれても、全ての夢を見事に引き寄せていました。

あれはドラマだからではなく、イメージの力・空想の力が花子は豊かだったからなのです。つまり、**あなたもイメージの力を開花させていけば、理想が引き寄せられていく**ということです。

でも、私は今まで仕事でもプライベートでも1万人以上の女性とお会いしてきましたが、このイメージを開花させることがとても難しいことなのだと実感しました。現代人は夢が描けない人が増えてきていて、最初からワクワクもせず、豊かな想像もせず諦めているんです。

起業する前、私は前職で教員をしていましたが、子ども達にも「夢はなに？」と聞くと、「公務員・医者・看護師・獣医」などの安定している仕事を言うか、「夢はない」という話す子どもがとても多かったからです。

「もっとみんなワクワクした夢を持とうよ！」と話しても、「だって先生、お母さん、お父さんから安定した仕事に就きなさい！と言われたもん。」という言葉が返ってくるのです。

夢を持つことが難しくなっている現代だからこそ、「引き寄せのためには、いつもワクワクするイメージを持ってくださいね！」と話しても、「イメージどうやったら沸くのですか？」「イメージが難しいです！」など女性達も自由に豊かに想像することがとても難しくなっているのだなと実感しました。

でも、良い開運ハウスを引き寄せるためには、良いイメージを持つことがとても大事です。

そのためには、まずはトレーニングをしていきましょう。

このような行動を起こしてみて下さい。

イメージが湧かない場合は、体験する・五感で感じることが一番です。

実際に行動をして、**自分のピッタリくる・しっくりくる・ワクワクする感覚を体感していくうちに、あなたの感性は研ぎ澄まされて、イメージがどんどん沸くようになっていきます。**

内面と向き合ったあとは、そこで終わらず実際に行動を起こしてみて下さいね。

行動を起こすことでドンドン引き寄せ力も高まるようになります。

### 開運ハウス～引き寄せレッスンポイント

★素敵なインテリアや家が登場する映画を観る
★住宅展示場に行ってみる
★素敵なホテルや旅館に宿泊してみる
★家具のショールームに出掛けてみる
★素敵な家に住んでいる友だちの家に遊びに行ってみる
★インテリアがお洒落なカフェに行ってみる

## 思い込みを手放すために必要な第三者の存在

ただ、思い込みというのはとても厄介なもので、自分だけでは中々気が付きにくいのです。もうそれはあなたの中で常識になっており、あなた自身の価値観を形成しているので、思い込みの存在に気が付くことが出来ません。だからこそ、思い込みを手放すために必要になってくることが、「第三者の存在」です。

第三者の存在は、友人でも家族でもいいし、会社の人でもいいです。ただ、2人とも常識が同じ場合、思い込みは外せないので、あなたとはまるで価値観が真逆の人を選んでみて下さい。価値観がまるで逆の人は、つまりその人とは常識が違うのです。だからこそ、**お互いの考え方の違いを感じやすいので、思い込みに気が付けることが大きい**です。

私の例でいうと、教員をしていた時、私の価値観や常識は「安定安心・節約・貯金思考」でした。だからこそ周りにいる人もみんな同じ思考・価値観をしていました。でも、そんな世界から私は起業をすることを選んだ時に、直感が働き、「このままの思考でいると、上手くいくわけがない」と不安に駆られてきました。

だから、まず仲間を作ろうと思い、銀行が運営している起業ＳＴＡＲＴ塾に入り、起業をしたい女性の知り合いをたくさん増やしていきました。それから全国各地の経営者に会いに行き、とにかく自分とは真逆の考え方をしている人から話を聞いて、自分の思い込みに気が付き、その思い込みを外すようにしてきました。新しい世界が広がるたびに、私の思い込みはどんどん外れて、起業家としても思考や視点で物事を見ることができるようになってきました。

だからこそ、第三者の存在というのは、あなたの思い込みを大きく外すことができる人です。家でも恋愛でも仕事でも上手くいかない原因の多くは、思い込みからきていることが大きいです。だからこそ、あなたとは真逆の世界にいる人にぜひ会いに行って話をしてみて下さい。家の場合の思い込みを外す人は、もしあなたがマンションにずっと住みたいと思っている人ならば、ずっと一軒家に住みたいと思っている人です。すると、あなたの価値観が大きく広がると思いますよ。

「でも、そんな事言っても私は、人見知りだし・・・」

おや、こんな声も聞こえてきました。**人見知りさんでも大丈夫です。人が苦手な場合は、第三者の存在は、ノートでもいいし、本でもいい**です。

本の場合だと、あなたが全く興味のなかったジャンルを読むことをお勧めします。例えば、私は昔から小説が大好きで、小説ばかり読んできましたが、起業をすると決めた時に、苦手だったビジネス書や自己啓発の本を読むようにしました。最初は、読むのに時間がかかったり、読んでいても何を書いているのか意味が分かりませんでしたが、だんだんとそんな考え方もあるんだと受け入れるようになると、自分の思い込みが大きく外れました。

ノートの場合は、自分の価値観や思考を客観視することができます。ただ、ノートで思い込みを外す時の注意点は、第三者の視点を持ってノートを見るということです。自分がノートを書いているのですが、そのノートの内容を見る時は、まるで違う人が書いたものとして見ることができるようになれれば、自分で自分の思い込みに気が付き、外すことができるようになります。

最初は難しいかもしれませんが、だんだんと**慣れてきたら、第三者の視点があなたにも身についてくる**と思います。私も最初は難しかったけど、ノートを習慣にしていくと、だんだんと「あれ？この考え方なにかおかしくない？何か、変なことを書いてる！」と気が付くことができるようになりました。自分で自分の思い込みを外せるようになると、とても楽ちんに全てのことが良い流れの循環にのっていくので、ノートに書く事はおススメですよ。

第三者の存在は、ノートでも本でも人でもいいのです。この世界には自分と考え方が全く違う人がたくさんいるので、そんな人の考え方や価値観を知るだけでもとっても楽しいし、あなたの人生はますます豊かになっていくと思います。

### 開運ハウス〜引き寄せレッスンポイント

★思い込みを外すためには、第三者の存在が必要となる。第三者の存在は、本でも人でもノートでも良し。
★思い込みを外すルールは、人の場合は価値観が真逆な人・ノートの場合は第三者の視点・本の場合は今まで読んでこなかったジャンルの本。

# 理想を引き寄せて叶える魔法のノート術

あなたが住まいに対してどんな価値観があるのかノートに書いていきましょう。これは理想を引き寄せて叶える魔法のノート術になります。

今までの私の場合は、
★家賃は5万円以内　★利便性・交通機関の充実　★会社・大学から近い場所　★マンションアパート
★1人で住むから1ＬＤＫ　★賃貸ではアトリエは創れないレンタル　★賃貸はＤＩＹが出来ない

これがいつも家探しの時の価値観でした。でもこれは全て思い込みでした。ですので、頭の中でクリアにしていきます。

✖家賃は5万円以内　✖利便性・交通機関の充実　✖会社・大学から近い場所　✖

マンションアパート

こうやって、**×印で書いたあとに、二重線で打ち消しをしていきます。**

✖家賃は５万円以内　✖利便性・交通機関の充実　✖会社・大学から近い場所　✖マンションアパート　✖１人で住むから１ＬＤＫ　✖賃貸ではアトリエは創れないレンタル　✖賃貸はＤＩＹが出来ない

**そして、あなたの理想の条件と新しい価値観を脳に認識させていきます。**

◎家賃は何円でもＯＫ！きっと何とかなる
◎交通も便利だと良いけど、駐車場がついていたらＯＫ！
◎一戸建ての４ＬＤＫ以上・広い部屋がたくさんある
◎賃貸でもＤＩＹがＯＫな太っ腹な大家さんがいる
◎庭が欲しい！でも庭の草取りはめんどくさいので誰かが草取りをしてくれる環境
◎静かな環境・騒音がしない

◎アンティーク・ヨーロッパテイスト
◎宮崎駿ジブリの映画に出てくるような雰囲気がある家
◎近所の人は良い人ばかりだが、近所付き合いはしたくない
◎家の中にアトリエを持ちたい
◎キッチンは大きくて広くて使いやすい
◎料理の器がたくさんあるので、大きな食器棚があるスペースが欲しい
◎大きな窓がついていて、光がたくさん入る
◎玄関は広めの空間・靴棚完備
◎ワンちゃんがＯＫな場所・ワンちゃんが安心して暮らせる環境
◎ピアノを置くスペースがある・ピアノを弾いても怒られない環境

こうやって、**私は思い込みを外して新しい価値観をどんどんリストアップしていきました。そして書いたあとには、お得意のイメージです**。洋館のような素敵な家でワクワクと楽しく暮らしている、口癖は「家から出たくない～！家が大好き過ぎる！家にいると仕事が捗る！」そう言って大きなソファに座っている自分をイメージし

ました。

この時、私はどんどん楽しくなっていき、事務的に探していたことに気が付きました。だから、ワクワクもしなかったのですよね。そしてそんなワクワクもしない家に住んで、心が落ち着くことも良い事が起きることもあるわけがありません。**開運ハウスとは、あなたがその家にいてワクワクとして心が落ち着くことが大事です。家のパワーも与えてもらえた時、あなたの人生はもっと光り輝いていきますよ。**

### 開運ハウス～引き寄せレッスンポイント

★ノートに自分の今までの家に対する価値観を書いていき、新しい価値観で上書きしていく。

★ノートに理想の家を書いたあとはワクワクとイメージしていく

## 最後の微調整の感覚を大事にすること

あなたは、きっとここまで読んで頂き理想の家を引き寄せたいという思いがどんどん強くなり、明確なイメージを持つことができるようになっていると思います。さて、もう最終段階、微調整の段階まできました。**この最後の微調整、チューニングを合わせるということがとても大事になってきます。**

理想のピアノの音色を出すためには、調律師の存在がかかせません。調律師がいないと、音に微妙な誤差が生まれて、結局全体の旋律が乱れてしまいます。

これはあなたも経験したことがあると思います。こういう彼氏が理想だと思って付き合ってみたけど何だか付き合ってみると、思ったよりもしっくりこなかったという体験。それはあなたが最後に理想の微調整をし忘れたからなんです。

女性は好きに一直線で決めたらGOしてしまうところがありますが、最後にもう一度立ち止まって、微調整をしてみるとあなたの本当に叶えたい理想のものを引き寄せることができるようになりますよ。

私の微調整はエネルギーが高い宿に泊まってみたときの違いでした。

**「理想の家を引き寄せる」と決めてから、今まで泊まらなかったタイプのホテルや旅館に泊まる実験を行いました。**全国各地の材木にこだわっていたり、ブランディングにこだわっていたり、インテリアにこだわっていたり、とにかく何かにこだわっている宿というのを探して、宿泊をしていました。

最初は、エネルギーの高い宿に泊まると、とにかく癒されて心地よさを感じて、満たされていましたが、次第に「しっくりくる」の感覚に違いを覚えるようになりました。私には、ホテルよりも旅館の方がしっくりくる、そして旅館の中でも一番しっくりくるのは、５０００坪の敷地に全室１２の部屋しかない、独立した離れが一番しっくりくると感じたのです。

こだわっているホテルに泊まることでも、気持ちは充分満たされていたのですが、最高傑作ではなかったのです。結局、私にとって一番の最高傑作の場所は、人目を気にしなくていい、広大な敷地に独立した離れで、そしてインテリアは洋風だけだと物足りない、和風だけでも物足りない、和洋折衷の宿が一番しっくりきてぴったりときて心地が良いというのが分かりました。

**お気に入りの宿の中からも自分の中で最上が見つかった感覚です。つまり微調整というのは、最後に大好きの中からも一番の大好きを探す作業なのです。**

多くの人は、大好きを見つけたら、私は「これが大好き」なのだと思ってしまいがちです。でも、次第に大好きに囲まれていたはずなのに「あれ？」とした感覚に陥っていることが多いです。つまりそれが最後の微調整をしていないということです。

あなたの最後の微調整で「大好きの中からも最上の大好き」を探すことを習慣としていけば、恋でも仕事でも自分にぴったりくるものを見つけることができるようになります。

私も**今までは自分が大好きだと思っていたものが「最上の大好き」ではなかったと気が付いたのは大きな財産でした。**

自分だけのぴったりとくる感覚・しっくりとする感覚を妥協せずに追い求めることが、開運ハウスを引き寄せるためには一番必要なことです。

そして、私は和洋折衷が好きなことと、もう一つ発見したことがありました。それは、コンクリートで作られた宿よりも、木で作られた宿のほうが圧倒的に落ち着くということでした。

だから、今までのマンションやアパートはしっくりときていなかったのです。私は今まで、コンクリートの住居ばかりに住んでいたことに気が付きました。実家は材木の品質にこだわって作られた家だったので、実家にいた時はとても居心地が良かったのです。

ホテルはコンクリートで作られているので、私にはどうもどんなに高級なホテルだったとしても、最後の感覚の「しっとりくる」がなかったのです。家と向き合うようになってから、思わぬ副産物をたくさんＧＥＴしていきました。

つまり「自分を知ること」が出来るようになっていったからです。


**理想の家や理想の部屋を引き寄せるためには、自分が何を理想としているのかまずは知らないといけません。**


私は今まで曖昧にしてきた自分の本当の感覚を取り戻していきました。

何が大好きでその中の最も大好きなものは何なのか、そして何が嫌いで、どんな所にいると気分がよくなるのか、家と向き合うという行為は自己理解でもあったのです。


「家と向き合うようになって良かった・・・」心の底から嬉しくなりました。

そうしてついに理想の家リストが完成しました。

先ほど書いたリストに、★和洋折衷の家　★コンクリートではなく木の家と追加しました。

これでいよいよあとは引き寄せるだけです。


理想の家リストを眺めながら、ワクワクと嬉しくなりました。

もうこの時、完璧なイメージが出来ていました。

ワンちゃんを楽しく介護をしながら、楽しく仕事をしている自分の姿が明確にイメージできていました。

### 開運ハウス〜引き寄せレッスンポイント

★微調整を必ず行うこと。大好きの中から最上級の大好きを見つけること
★家と向き合うことは自己理解に繋がる。理想の家と向き合うことで、副産物として恋も仕事も自分に合うピッタリなものを見つけることができるようになる。

## ついに理想通りの家を引き寄せる

嫌な言葉を言われてもシャットアウトをして、またワクワクしながら行動している時でした。愛犬と雰囲気が良さそうな場所を歩いていると、その住宅地の奥地まで愛犬がトコトコと歩いて行きました。「こっちに行きたいの？何もなさそうだし、きっと行き止まりだよ！」と話しかけても、愛犬は前進をしていました。そしてその住宅地の奥地まで辿り着くと、まるで耳をすませばに出てきたような不思議な洋館と出逢いました。

「えっ？ここ理想の家通りの外観だ！すごい・・・・・・」しばし茫然としていると、奥の方に「空家」という看板がついていました。心臓がドキドキ張り裂けそうになりながら、すぐに電話をかけてみました。

「あの今、家を見ていて、もし良かったら内覧したいのですが？」と話すと、「おっ！奇遇ですね。僕も今ちょうどその辺りにいるので、あと5分したら到着できますので、しばしお待ち下さい」と話されました。

心臓がドキドキしながら待っていると、とても優しそうな顔をした不動産の方が「こんにちは」と言って話しかけてくれました。

「凄いですね。ちょうど最近、空家になったばかりで、ネットにも出していないし、お嬢さんが第一号の内覧者ですよ。」

不動産の方が鍵をガチャリと開けてくれて、「どうぞ」と言い、中を案内してくれました。家の中はヨーロッパ建築で、見たこともないお洒落なカーテンと豪華なシャンデリアがかかっていました。キッチンスペースも広く、アンティークな食器棚は完備されていて、その食器棚の中にはお洒落なコップも備わっていました。家は４ＬＤＫの空間で一つ一つの部屋がとても広い家でした。驚いたのは廊下がとても広く、その廊下には大きなガラス窓がついていて明るく家を照らしていました。

「あのここの家は一体、、、？！こんな家は見たことがないのですが」

と声をかけました。不動産の方は笑いながら、

「あはは。こんな家を見たことがないですよね。ここは大家さんが材木から設計、デザインまで全てこだわって作ったこだわりの物件なんですよ。シャンデリアはイギリスから取り寄せて、たぶんこれだけで１００万はするんじゃないかな?家に貼られている貼り紙も全てヨーロッパのものですよ。廊下の大きな一面ガラスも輸入して取り寄せているので、１枚１００万円はするものなんです。カーテンもヨーロッパでオーダーメイドしたものですよ。本当にこだわりまくっていますよね？」

こんなに理想通りの家って本当にあるんだ・・・ドキドキしながら二階に上がりました。二階には部屋が二つあって、一つは可愛いシャンデリアがついているかわいい洋室ともう一つはクラシックな和室がありました。

「えっ、ここ、これだけヨーロッパ調の洋館なのに、和室もついているのですね？」
「そうなんです、大家さんが日本の文化もきちんと取り入れたいと話していて、和洋折衷となったのですよ。」

和洋折衷、最後の微調整で判明した項目だと思い、嬉しくなりました。

細部まで引き寄せがピタリと合っている、凄い凄いと興奮しながら家を全て見渡しました。

庭もついていて二階には大きなベランダもついていました。もう絶対この家だと確信がありましたが、あの理想の家に引き寄せの条件で書いたアトリエが欲しい、部屋をＤＩＹしたいという願望をおそるおそる聞いてみることにしました。

「あの、ここにある一室の部屋を少しだけ、ＤＩＹしてアトリエにすることはできるのでしょうか？」

おそるおそる聞いてみると、不動産は「う〜ん、僕には分からないので、大家さんに電話で聞いてみますね！」と話してくれました。

大家さんに電話してもらうと、なんと大家さんはすぐ近くにいたそうで、ここまで来てくれることになりました。「大家さんまですぐ近くにいたなんて、なんてついているのだろう！」ビックリしながら、大家さんの到着を待ちました。

するととっても素敵な女性の大家さんが来てくれました。

不動産から話を聞くと、大家さんは笑顔で「あら？ＤＩＹをしたいの？どんなふうに？」と聞いてくれました。

「陶芸作家をしていて、陶芸を家でしたいので陶芸窯を置かせてほしいのと作業スペースが欲しくて」

と話すと、大家さんは「素敵ね、いいわよ！」と話してくれました。

なんと大家さんは元美術の教師をしていたので、この家でも彫刻で色々作っていたということでした。まだその彫刻は家に置いてあったので、押し入れの奥からミケランジェロの彫刻がたくさん出てきて驚きました。同時に広い廊下にちょうどピアノを置けるようなスペースがあったので、聞いてみると、そこはピアノを置いていた、そしてその隣に生け花を飾るスペースがあったのでまた聞いてみると大家さんは生け花もずっと習っていて飾るスペースを設けたということでした。

私が望むなら家具のほとんどは置いていくので使っても良いということでした。さらに、庭の木々の剪定や庭の草取りは業者を半年に1回呼んでくれるので、私が庭を管理しなくても良いと話してくれました。

不動産屋さんはなんと大家さんと昔からの知り合いで、この家を賃貸に出すためだけに、作られた不動産会社でした。登録物件はこの家のみという、摩訶不思議な不動産屋でした。そして近所に住んでいるので困ったらすぐに駆け付けることはできるし、電気修理などもこちらで手配をして可能な限り、こちらでしてくれるということでした。

ここまで至れり、尽くせりの家って他にあるのだろうか、この家は不思議すぎると奇妙な思いにも駆られました。でもまさにこれが理想の家の引き寄せだと実感して、大家さんに最後の質問を二つしました。

「あの最初、不動産屋さんから犬はダメだと条件で書いてあると言われたのですが、犬はダメなのでしょうか？」

「あ～犬は飼ったことがないからＮＧにしていたけど、あなたの愛犬ならいいわよ。だってとてもお利口さんで全く吠えないもの。お行儀も良いし、とても可愛いから特別ね。」

「あの、じゃあもう一つ、この家の家賃は何円なのでしょうか？」

「本当は○円だけど、この値段に下げてあげるわ。この家は私もとても思い入れがあり、お気に入りの家なの。だからあなたのような人に住んでもらえるだけで有難いし、嬉しいのよ。」

大家さんの笑顔に涙が出そうになりました。まさか現実にこんな引き寄せが待っていたとは、夢のような話です。私はその場で即言いました。

「じゃあ、この家に住まさせて下さい。どうぞ宜しくお願い致します。」

そういうと大家さんはがっちりと握手をしてくれて、最後に一つだけ条件があると話してくれました。

「この条件をクリアしない限り、あなたに大切な家を貸せないわ。」

さっきまでの笑顔と裏腹にとても神妙な顔をしていたので怖くなりました。

「この家はね、幸せが溢れる家なの。私達家族が最初に住んで、とても幸せになって仕事の都合で家を離れて、娘夫婦がまた次に住むようになったの。そして、娘夫婦は子どもが出来て、階段がこの家は急だから、どうしても引っ越さないといけなくなったけど、とても幸せになって引っ越したの。そして次にあなたがこの家に辿り着いたの。

だからね、この家の条件はあなたがうんと幸せになること。あなたがこの家でうんと幸せになって、いつかこの家を出ていくこと。それがただ一つの条件ね。」

大家さんの優しい愛溢れる話を聞いて涙が出てきました。

「ありがとうございます。ありがとうございます。この家で絶対に幸せになります。」

「約束ね！じゃあ私は生け花も教えているからいつでも習いに来なさい。」と言って、大家さんとお別れをしました。

残された不動産屋さんに大家さんの話を聞くと、色々な会社をご夫婦で経営されている大金持ちだということを教えてくれました。だから、この家で利益を取ろうと思っていない事、住んでくれるだけで幸せだと本当に思っていること。

実際に大家さんも不動屋さんも住み始めてもとても良くしてくれました。

半年に1回の剪定、雑草の草取りには業者が来てくれて、台風で廊下の大きなガラスが割れた時でも、すぐに発注をして直してくれました。不動産屋も何か困ったことがあればすぐに駆け付けてくれて、対応をしてくれました。


これが私の開運ハウスを引き寄せたときの実際の体験談です。

どうですか？

本当にこんな話があるんです。

だからあなたに次は開運ハウスを引き寄せて欲しい、そしてその家で心底幸せになって欲しいと私も大家さんのように願っています。

## 理想は全く妥協する必要はなし！

では、私の理想の家を引き寄せたときのリストを振り返ってみます。

●家賃は何円でもＯＫ！きっと何とかなる
●交通も便利だと良いけど、駐車場がついていたらＯＫ！！
●一戸建ての４ＬＤＫ以上・広い部屋がたくさんある
●賃貸でもＤＩＹがＯＫな太っ腹な大家さんがいる
●庭が欲しい！でも庭の草取りはめんどくさいので誰かが草取りをしてくれる環境
●静かな環境・騒音がしない
●アンティーク・ヨーロッパテイスト
●宮崎駿ジブリの映画に出てくるような雰囲気がある家
●近所の人は良い人ばかりだが、近所付き合いはしたくない
●家の中にアトリエを持ちたい
●キッチンは大きくて広くて使いやすい

●料理の器がたくさんあるので、大きな食器棚があるスペースが欲しい
●大きな窓がついていて、光がたくさん入る
●玄関は広めの空間・靴棚完備
●ワンちゃんがOKな場所・ワンちゃんが安心して暮らせる環境
●ピアノを置くスペースがある・ピアノを弾いても怒られない環境
●和洋折衷
●コンクリートの家ではなく木の家
●優しい不動産屋

**なんと全てが叶っているのです。**

ただ△点としては、住宅地にある家だったので理想よりも庭が広くないことでした。でも家の周りは木が植えられていて、ホッと落ち着ける空間ではありました。そして住宅地なので、うるさかったり、近所付き合いがあれば嫌だなと書いていましたが、この住宅地はお年寄りの方が多く住んでいて、騒音も怒鳴り声もせずに静かな環境でした。さらに近所付き合いなども全くなく、半年に一度の清

掃ぐらいでした。みな独立しあってる方が多く、他の家の人に介入したりすることはありませんでした。

つまり、広い庭だけは叶いませんでしたが、それでも全ての条件を叶えることができたのです。

もしこれを条件のみで探していたら、引き寄せることはできなかったと思います。最初の金額で予算よりも高い家だし、犬はＮＧの物件でした。だからお金と犬で引っかかって、この家を内覧することさえもできなかったと思います。

散々、一軒家に住むことも色々な不動産屋さんから辞めたほうがいいと言われましたが、最後に出逢った不動産屋さんからは何も言われませんでした。引き寄せのリストには、庭が欲しいけど、雑草は抜きたくない、他の人がやってくれなんて、無茶苦茶なことを書いていますが、なんとその希望通りとなったのです。

さらに１００万円のシャンデリアやアンティーク家具、お洒落なカーテンなど全てが備わっていたので、初期費用が全くかかりませんでした。高級な家具を無料で使える副産物まで引き寄せることが出来たのです。

だから、理想は常に妥協することはないんです。きっと赤の他人からみたら呆れるようなリストでもあると思います。大きな家に住みたいとか、DIYをしたいとか、アトリエを持ちたいとか、庭は欲しいけど、面倒臭いから誰か雑草取りはしてくれなんていう、本当に「え？」というリストだと思います。

でもこれが自分の望む最高傑作のワクワクする家だということなのです。**理想は誰かの声に合わせて、他の人の顔色を伺いながら決めるものではないんです。自分の心のままに素直にでいいんです。**

それは家だけではなく、仕事にも恋愛にも繋がります。いつしか現実を見て、勝手に何かを諦めて、他人の言葉に呪いをかけられて、自分の理想を妥協する人が増えてきていますが、人生1度キリなのだから、妥協なんていらないんです。あなたはあなたのままで、素直に心のままに、そのままに理想を決めていいんです。

その本気の想いに必ず理想が引き寄せられてきます。妥協した思いはどうしてもワクワクすることは出来ないので、ワクワクする最高傑作の家は引き寄せることはできません。**条件で決めずに、最初から理想を諦めないのが開運ハウスを引き寄せるコツです。**

### 開運ハウス～引き寄せレッスンポイント

★理想の家リストは、こんなの無理だと思わないでとにかく心のままに作成すること
★理想を叶えることを最後まで信じて、妥協することを辞めること

## 開運ハウスは利便性・金銭面で選ぶべからず

理想の家、居心地が良い家というのは、一人一人が違います。ですので、開運の家を見つける・創り出すにはオンリーワンの家を見つけないといけません。ここで自分の気持ちを無視して、便利さ・金銭面だけで家を選んでしまうと、開運ハウスを引き寄せることが出来ません。

私は、愛犬の手術を引き受けてくれる獣医が見つかった時に、初めて家と向き合うことを始めました。

思えば、人生で家と向き合ったことなんて一度もありませんでした。私の家選びの基本は、まさに便利さ・金銭面だけで家を選んでいたからです。初めての家選びは大学生の時のことでした。

- 大学から近い
- 家賃が希望額
- 女子専用の家・オートロック完備

- 庭に有刺鉄線アリ・侵入者なし
- お風呂・トイレ別
- 角部屋・光が入る

まさに外側の条件のみで家を選んでいました。そんな私に究極の不幸が訪れることになるとは。（その家でストーカー殺人に遭遇しそうになったのです。漫画のようなひえ～な展開ですよね。）

その時から私は家とは少しずつ向き合うようになってはきましたが、それでもまだ懲りなかった私。

また次の家も同じような条件で選び、またその次の家も同じような条件で選び、その次の家もまた同じように条件で選んだのです。

そしたらその後も嫌なことは起きました。下着泥棒に合ったり、隣人の騒音問題にあったり、家の周りに住んでいる人が問題を起こすような人がいたりと・・・・懲りない女ですよね（苦笑）

でも、そんな外側ばかりで家を選んできた私だからこそ、あなたにも外側の条件のみで家は選ぶなと伝えたいのです。説得力があるでしょう？

つまり、**あなたが外側の条件ではなく、内側の条件から家を選ぶようになると、最高の開運ハウスが引き寄せられる**ということです。

### 開運ハウス～引き寄せレッスンポイント

★家を選ぶ時は、外側の条件ばかりを見て家を選ばない。
★まあまあの選択で家や部屋を選ぶことは辞めること。

## 波動の高い場所を選ぶのは本当に大事

私はお気に入りの場所はとにかく波動が良いところを見つけて、そこで何でもします。

適当ではなく、波動の高い場所を選ぶのは本当に大事です。

そして**まず訪れるのは、必ず日常の変化です。今まで何もなかった日常がガラリと変わり始める**んですよね。

急に色々なことを発見するようになるのです。これはビックリしますよ。
まさに世界は広かったのではなく、元から広かったという事実。

身近にこんなところあるんだ？？こんなところあったけ？？と変わっていきま

す。

私はまず身近に綺麗な図書館が新しく立っていることに気がつきました。実はもう一年前から建っていたらしいけど私は気がつかなかったんです。

でもある日、急に目に飛びこんできたんです！あれ？こんなところに図書館があった！と。

それで、中に入ってみるとやっぱり新しい図書館だから波動がよくて、気持ちよくて。

それにスピリチュアルの本もたくさんあるからビックリしたんです。愛すべき本たち。「アミ小さな宇宙人」は延長してもう１ヶ月借りてます。傑作！！！しかも映画も貸し借りＯＫで！ガーンとなったのです。

近くのレンタルショップで借りてたのに、図書館だから無料でレンタルできてありがたいです。しかもすごい好きな映画系ばかりが置いてあったのです。

今はそれに気づけた自分に本当に幸せを感じているんですよね。

事実だけを書けば、

近所に新しい図書館を見つけた。
映画もスピリチュアル本もあった。
嬉しかったです。

この小学生日記の三行文で終わります。

でも、**私の幸せ度ときたら以前の一億倍ぐらい幸せ**なんですよね。良い波動の図書館で本を借りられるだけで幸せが止まらない！！！

まずこの日本だからこそ図書館で本を借りられるという事実。香港の友達が日本羨ましいーと言ってた意味が分かります。香港の図書館はゴシップ本が多いらしく勉強の本はあまりないそうです。あとまずは先進国だからこそ、無料で本を借りられるという現実があるのです。

今はそんなことまで考えて、幸せを感じて浸っています。
以前の私ならこんなに幸せを感じず、当たり前だと思っていたんじゃないかな?

図書館があることも当たり前、本が借りられることも当たり前。

でも、今はこの図書館の本を借りられるまでどれだけの人が時間を割いて図書館に置いてくれたのだろうと感じます。
そして今日リクエストして「アミ小さな宇宙人」の続編を取り寄せたんですが、それも無料でしてくれます。感謝が止まらない日でした。

そしてあまりにもロイヤルホストのホットケーキが手焼きで焼いてて美味しそうだったから、一年ぶりぐらいにホットケーキを食べました。感動で、涙が止まらなくなりそうだったのです。久しぶりにパンケーキを食べたのもあるけど、ロイヤルホストのパンケーキは子どもの頃に食べたあの丁寧に焼いて作った味に似ている。

「なんだ、この美味しい食べ物は！？！？」と一時間かけてホットケーキをゆっくり、ゆっくり味わいました。

本当に幸せを感じたんです。図書館で本を借りる、パンケーキを食べるとか、以前は当たり前のことでした。そしてそこにそんなに感動も感謝もなかったです。

でも自分自身を変えたことで、世界の全てが変わって見えた。そして広くなった。

引き寄せの基本って本当にここが出来てないと無理なのだと思います。すごい人ばかりを引き寄せようとしても無理です。

それはあなたがすごくないから、すごい人を引き寄せることで自己承認を満たされようとしてるだけなんです。でもそれで引き寄せる人は同じように満たされていない人です。

**日常に変化が訪れない人はまだまだ自分自身と向き合えていない証拠。**

私が今幸せなのは、日常の些細なことにも愛と感謝をもてるようになったからなんですよね。

図書館とパンケーキ。誰にもある当たり前のこと。

でも当たり前じゃなかったこと。**日常に愛と感謝を取り戻せた時、世界は広かったと気が付けますよ。**

# 私のこれからの夢

それは理想の家、土地を建てる、買うというものです。今の家は大大大好きな家なのですが、やはり賃貸なのです。

賃貸だと正直、ずっと支払い続けないといけない、でも資産には全くならないから。

賃貸のメリットもたくさんあるけど、特に私の今の家はあり得ないほど優遇してくれてています。

庭師まで無料でつけてくれたり、台風で災害あったときもオーナー全直しだし、水道がつまればすぐに不動産屋さんが来てくれて無料でなおしてくれます。

もうスーパー優遇されている家で、みなさんからも優里さんの家、理想ですと言ってもらえてて本当に嬉しいです。

本当に大大大好きな家だけど、失うことを怖がらず前へ進むことにしました。

なぜなら、私の理想の家はもう長年ビジョンがあってイメージ図も全部描ける状態だからです。

服が欲しい、ブランド物が欲しいとか、そういう欲望は一切ないのですが、家欲とインテリア欲だけは尋常じゃないんです、昔から。もうインテリア大好き。だから宿は本当にケチらず泊まる。

お次はついに長年の夢の自分だけの家と土地だー！！！

私は絶対に海と山が必要、そして東京に通いやすいところがいい。でも山がいい。でも海が近いのがいい。住宅地からは少し離れて。

できれば寺神社に近い場所がいい。お風呂は全面ガラス張り、森林浴。

そしてアトリエ兼カフェ兼事務所を敷地内につくる。

ギャラリーも陶芸工房も敷地内につくる。

日本全国海外からそこがパワースポットとなり、会いに来てもらう。そこで講座を開催、そしてリトリートも♡

なんていう欲張りを全部叶える家を引き寄せます。
これは実験だ！宇宙よ！私はうんと幸せになる。だって私がうんと幸せにならなければ誰も救えないのですから。

**欠乏は欠乏を引き寄せる。幸せは幸せを引き寄せる。**
**だから私は絶対に夢を叶えます。**

実験スタートです！
もう動き出してる！この瞬間に・・・

**そして、今度はあなたの番です！**

マーキュリー出版の好評既刊

皆さんは「聞き屋」と聞いてどんなことをすることか分かりますでしょうか？ また、なぜ無料で「聞き屋」をやっているのか気になったりしませんでしょうか？出版社として実は非常にそのあたりディーン・カワウソさんに興味があったんです。いわゆる「聞き屋」の生態、すごくユニークなものでした。是非、多くの皆さんに読んでいただきたい一冊です。

## マーキュリー出版の好評既刊

〈上巻〉神社の神さまに好かれると、ドンドン願いが叶っていく！　長年、運命カウンセラーとして多くの人にアドバイスをしてきた著者が、ご縁のある神社を探す方法と太陽系の惑星の波動など、神社の神さまとの出会いの方法を伝える。

第1章 神社の神さまに出会えば幸せになる
第2章 ご縁のある神社を探す方法と太陽系の惑星の波動
第3章 タイミングの神さまにお願いしよう
第4章 神社の神さまに会う前に準備したい「あなたの本当の願い事」を知ること
第5章 超絶に願いが叶った九頭龍神社
第6章 波動の高い神社に行く効用

〈下巻〉神社の神さまに好かれると、ドンドン願いが叶っていく！　長年、運命カウンセラーとして多くの人にアドバイスをしてきた著者が、恋愛・結婚、お金持ち・商売繁盛、仕事など、縁結びで非常に効果がある神社を紹介する。

第1章 恋愛・結婚の縁結びのすごい神社
第2章 お金持ち&商売繁盛のご縁を結ぶすごい神社
第3章 仕事のご縁を結ぶすごい神社
第4章 総本山の神社の神さま
第5章 神棚とお札の力
第6章 神社の神さまに会う前の心構え
第7章 誰でも幸運体質になれる

1年前の好評既刊の「超絶で願いが叶った すごい神社」の続編として上下巻2巻の同時発売です。

【著者紹介】

**神木優里**　(YURI KAMIKI)

陶芸作家・写真家・コンサルタント
愛媛県出身、福岡県在住。国立大学大学院教育学研究科修了。
６歳の時から陶芸を始め、陶芸の産地の有田・信楽・萩で学び、創作活動に活かす。小さい頃からの口癖は「なぜ？」世の中の仕組みについて疑問を持ち、小さい頃から独自に様々な研究を一人で行ってきた。精神医学・スピリチュアル・哲学・潜在意識・免疫学・自己啓発・栄養学を引き寄せで出逢った全国各地のそれぞれの分野の一流の師から学ぶ。潜在意識を書き換える独自のメソッドを開発し、次々に夢を叶えていき、Abu DhabiART展で陶芸作品を海外へも出展する。潜在意識を書き換えるメソッドでコンサルティングを行い、全国・海外各地にクライアントを持つ。陶芸作家/写真家/恋愛・天職・自己理解・パートナーシップコンサルタント/ブランディングPR/と様々な分野で活動をする。

【Blog】https://ameblo.jp/potterystudio-lilys/
【Instagram】@pottery.lilys
【問い合わせ先】pottery.studio.lilys@gmail.com

**ＳＴＡＹＨＯＭＥ開運術！**
**あなたの部屋がパワースポットに変わる本**

2021年 4月25日　第１刷発行

著 者　神木優里

発 行　マーキュリー出版
〒460-0012　名古屋市中区千代田3-22-17　一光ハイツ記念橋105号室
TEL　052-715-8520　FAX　052-308-3250
https://mercurybooks.jp/

印 刷　モリモト印刷

落丁・乱丁本はお取り替えいたします

ISDN978-4-9910864-5-8